STAR 를 향한 첫걸음

한글 2016(NEO)

단계별 정복하기

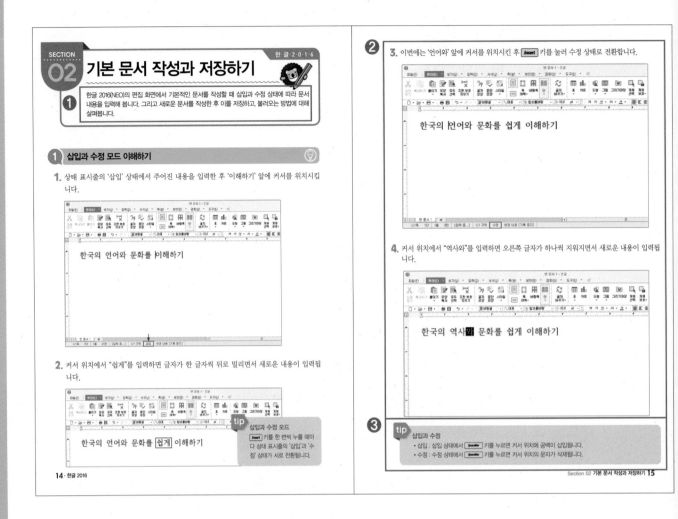

❶ 섹션 설명

해당 단원에서 배울 내용에 대한 전체적인 개념을 짚어줌으로써 단원에 대한 이해도를 증진시키도록 합니다.

❷ 따라하기

본문 내용을 하나씩 따라해 가면서 실습하다 보면 자연스럽게 관련 기능을 이해하여 활용할 수 있도록 하였습니다.

❸ Tip

실습을 따라하는 과정에서 알아두면 도움이 되는 내용 및 저자만이 가지고 있는 다양한 노하우를 제공합니다.

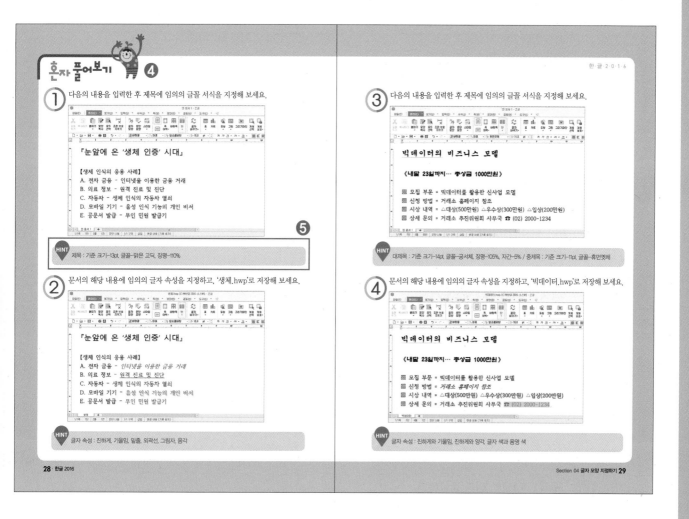

❹ 혼자 풀어보기

본문에서 배운 내용을 다양한 예제를 통하여 실습하면서 확실하게 익힐 수 있도록 실습 문제를 담았습니다.

❺ HINT

혼자 풀어볼 때 도움을 줄 수 있는 핵심 내용을 제공합니다.

차 례

한글 2016 시작하기

한글 프로그램은 기본적인 문서를 작성한 후 사용자가 원하는 스타일로 문서를 편집 및 수정하면서 인쇄할 수 있는 소프트웨어입니다. 여기에서는 한글 2016(NEO)의 실행과 종료 그리고 화면 구성에 대해 살펴봅니다.

1 한글 2016의 실행과 종료

1. 작업 표시줄에서 시작(⊞) 단추를 클릭하고, [한글]을 선택하거나 바탕 화면에서 바로 가기 아이콘(📖)을 더블 클릭합니다.

2. 한글 2016(NEO) 프로그램이 실행되면서 빈 문서의 한글 초기 화면이 나타납니다.

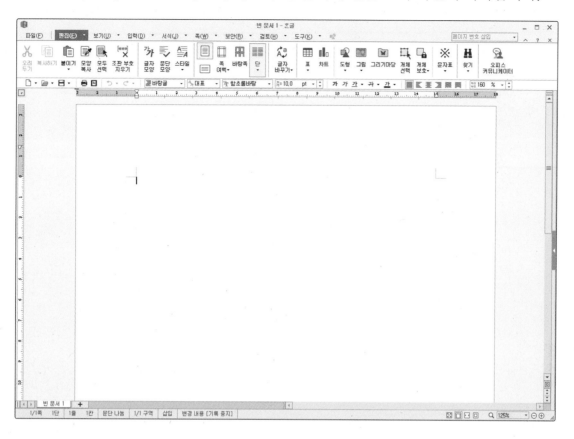

3. 한글 2016(NEO) 프로그램을 종료하기 위해 [파일] 탭을 클릭하고, [끝]을 선택하거나 단축키 Alt + X 를 누릅니다.

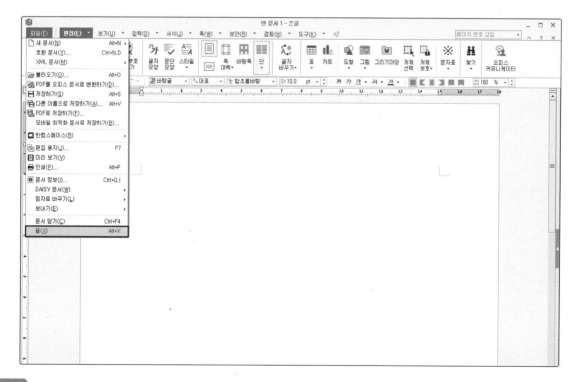

tip 한글 2016(NEO) 종료

한글 2016 프로그램을 종료할 때 화면 오른쪽 상단에서 닫기(×) 단추를 클릭해도 됩니다.

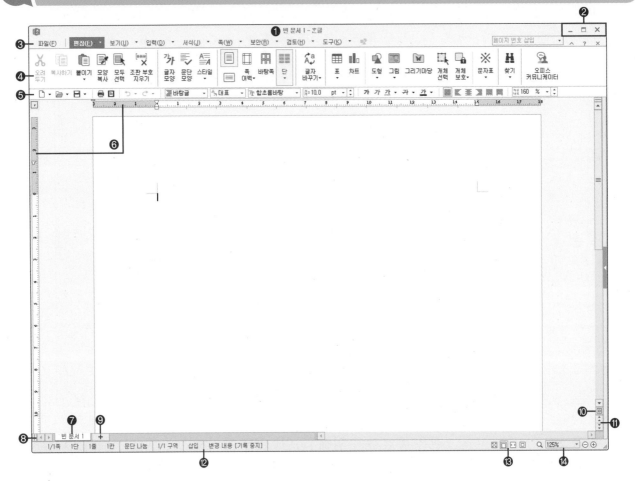

❶ **제목 표시줄** : 현재 문서 파일의 위치 경로와 파일 이름을 표시합니다.

❷ **창 조절 단추** : 현재 문서 창의 크기를 최소화, 최대화, 이전 크기로 복원, 닫기의 형태로 표시합니다.

최소화(_)	창을 최소화하여 작업 표시줄에 표시합니다.
최대화(□)	창의 크기를 최대로 확대하여 표시합니다.
이전 크기로 복원(⯑)	창이 최대화된 상태에서 이전 크기로 축소합니다(최대화 되었을 때만 표시).
닫기(×)	현재 창을 종료(닫기)합니다.

❸ **메뉴 탭** : 문서 작업에 필요한 다양한 기능을 풀다운 메뉴 형식으로 표시합니다.

도구 상자 단계별 접기/펴기(∧)	기본/서식 도구 상자를 순차적으로 접기거나 펴기합니다.
도움말(?)	한글 2016의 도움말과 정보를 확인합니다.
문서 닫기(×)	현재 문서 창만을 닫기합니다.

❹ **기본 도구 상자** : 자주 사용하는 메뉴를 아이콘(Icon) 형태로 표시하며, 작업 상황에 따라 [개체] 탭, [상황] 탭이 추가로 나타납니다.

❺ **서식 도구 상자** : 자주 사용하는 서식 관련 기능을 한 번의 클릭으로 바로 실행할 수 있도록 아이콘으로 표시합니다.

❻ **눈금자** : 탭 위치, 오른쪽/왼쪽 여백, 눈금 단위, 행 길이, 들여쓰기/내어쓰기 등을 설정합니다.

❼ **문서 탭** : 현재 문서에 포함된 탭 이름을 표시합니다.

❽ **탭 이동 단추 :** 문서 탭이 여러 개일 경우 다른 문서 탭으로 이동합니다.

❾ **새 탭 :** 새로운 문서 탭을 삽입합니다.

❿ **보기 선택 아이콘 :** 쪽 윤곽, 문단 부호/조판 부호/투명 선 보이기/숨기기, 격자 설정, 찾기, 쪽/구역/줄 찾아가기, 스타일/조판 부호/책갈피/개체 찾아가기 설정 등의 기능을 선택할 수 있습니다.

⓫ **쪽 이동 단추 :** 작성 중인 문서가 여러 쪽일 때 쪽(페이지) 단위로 이동합니다.

⓬ **상태 표시줄 :** 편집 화면의 여러 정보가 표시되는 줄로 커서 위치, 쪽 번호, 삽입/수정 상태 등을 표시합니다.

⓭ **문서 보기 :** 현재 문서 화면을 전체 화면, 쪽 윤곽, 폭 맞춤, 쪽 맞춤 형태로 보여줍니다.

전체 화면(⬚)	제목, 메뉴, 기본/서식 도구 상자 등이 사라지고 편집 중인 페이지가 화면 전체에 표시됩니다.
쪽 윤곽(⬚)	용지 여백, 머리말/꼬리말, 쪽 테두리 등 해당 쪽에서 인쇄될 모든 내용과 모양을 화면으로 직접 보면서 편집할 수 있습니다.
폭 맞춤(⬚)	편집 용지의 너비가 문서 창의 너비에 맞도록 축소하거나 확대합니다.
쪽 맞춤(⬚)	편집 용지의 한 쪽 분량을 한 화면에서 모두 볼 수 있는 비율로 축소하거나 확대합니다.

⓮ **확대/축소 :** 현재 문서 화면의 크기를 원하는 크기로 조절할 수 있습니다.

확대/축소   비율   축소 확대

확대/축소	[화면 확대/축소] 대화 상자가 나타납니다.
비율	비율을 선택하여 화면의 크기를 조절합니다.
축소	화면의 크기 비율을 5% 단위로 축소합니다.
확대	화면의 크기 비율을 5% 단위로 확대합니다.

1. 화면에서 기본/서식 도구 상자를 모두 숨기려면 [보기] 탭의 펼침(▼) 단추를 클릭하고, [도구 상자]-[도구 상자 접기/펴기]를 선택합니다.

2. 다시 기본/서식 도구 상자를 표시하려면 [보기] 탭의 펼침(▼) 단추를 클릭하고, [도구 상자]-[도구 상자 접기/펴기]를 선택합니다.

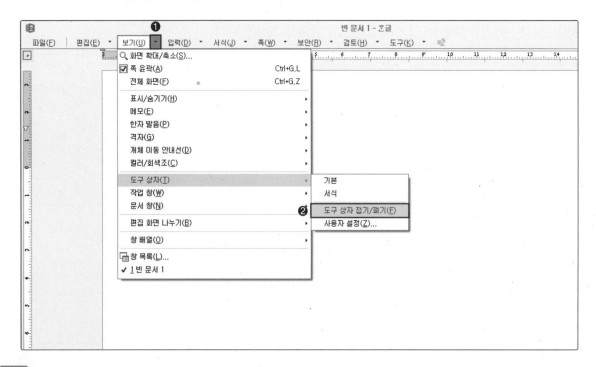

tip 기본/서식 도구 상자 표시
도구 상자를 표시할 때 [기본] 또는 [서식]을 각각 선택하면 해당 도구 상자를 하나씩 표시할 수 있습니다.

3. 화면의 쪽 윤곽을 해제하려면 [보기] 탭의 펼침(▾) 단추를 클릭하고, [쪽 윤곽]을 선택합니다.

4. 그 결과 쪽 윤곽이 해제된 넓은 작업 화면이 나타납니다.

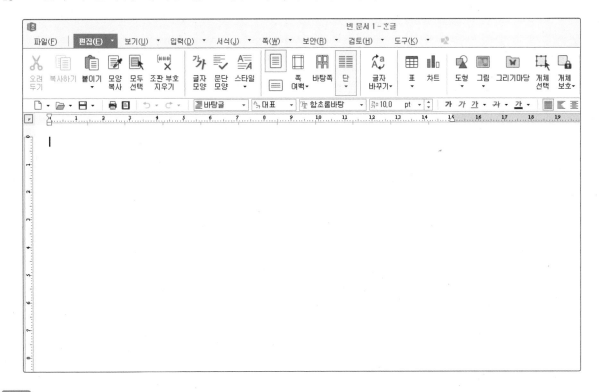

tip

쪽 윤곽

용지의 상하좌우 여백 등을 미리 보면서 문서를 작성하거나 편집할 수 있는 화면으로 [쪽 윤곽] 메뉴에 체크 표시가 있으면 선택된 상태이고, 체크 표시가 없으면 해제된 상태입니다.

혼자 풀어보기

① 한글 2016의 초기 화면에서 기본 도구 상자를 숨기기 해 보세요.

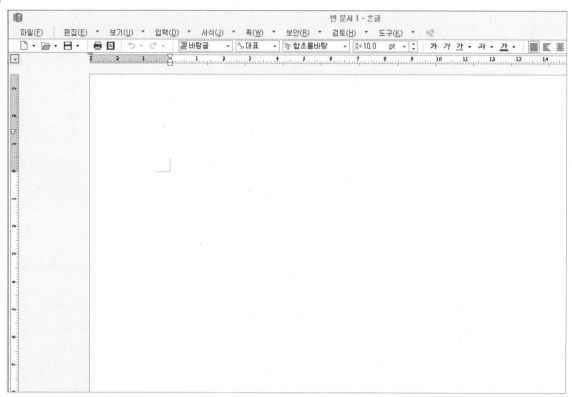

② 기본 도구 상자를 다시 표시하고, 서식 도구 상자를 숨기기 해 보세요.

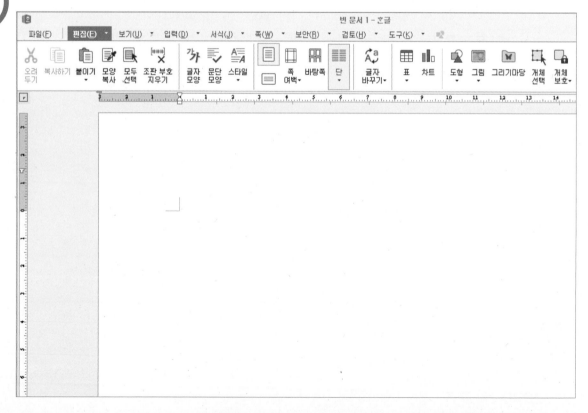

③ 서식 도구 상자를 다시 표시하고, 쪽 윤곽을 해제해 보세요.

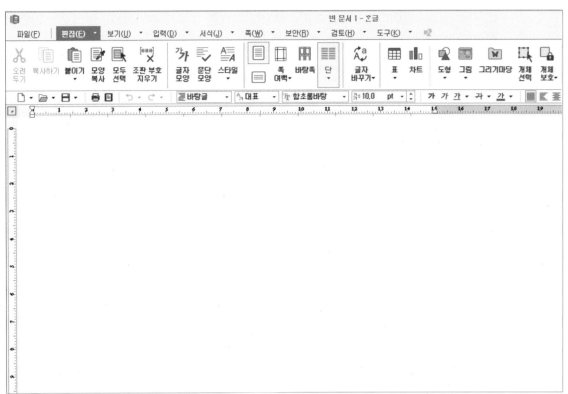

④ 쪽 윤곽이 해제된 상태에서 현재의 화면을 '500%'로 확대해 보세요.

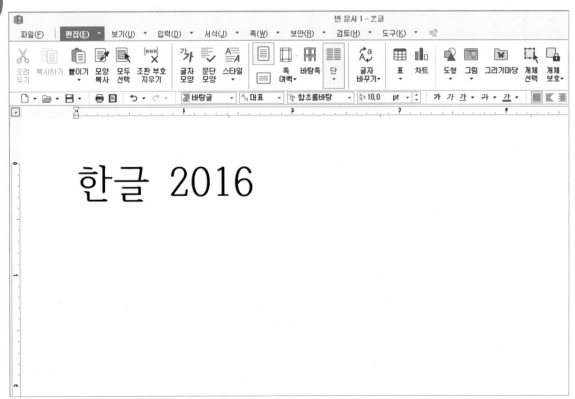

기본 문서 작성과 저장하기

한·글·2·0·1·6

한글 2016(NEO)의 편집 화면에서 기본적인 문서를 작성할 때 삽입과 수정 상태에 따라 문서 내용을 입력해 봅니다. 그리고 새로운 문서를 작성한 후 이를 저장하고, 불러오는 방법에 대해 살펴봅니다.

1 삽입과 수정 모드 이해하기

1. 상태 표시줄의 '삽입' 상태에서 주어진 내용을 입력한 후 '이해하기' 앞에 커서를 위치시킵니다.

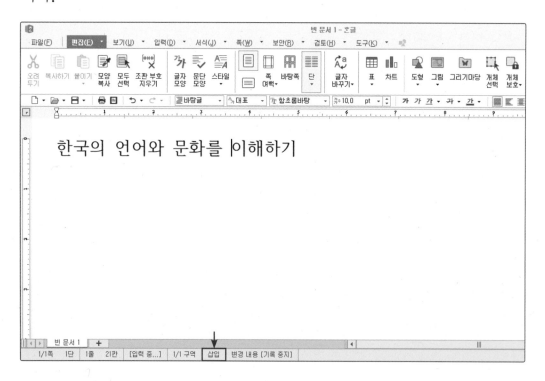

2. 커서 위치에서 "쉽게"를 입력하면 글자가 한 글자씩 뒤로 밀리면서 새로운 내용이 입력됩니다.

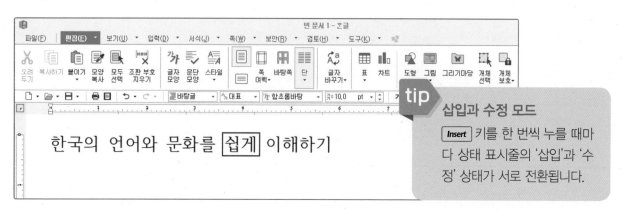

> **tip**
> **삽입과 수정 모드**
> Insert 키를 한 번씩 누를 때마다 상태 표시줄의 '삽입'과 '수정' 상태가 서로 전환됩니다.

3. 이번에는 '언어와' 앞에 커서를 위치시킨 후 `Insert` 키를 눌러 수정 상태로 전환합니다.

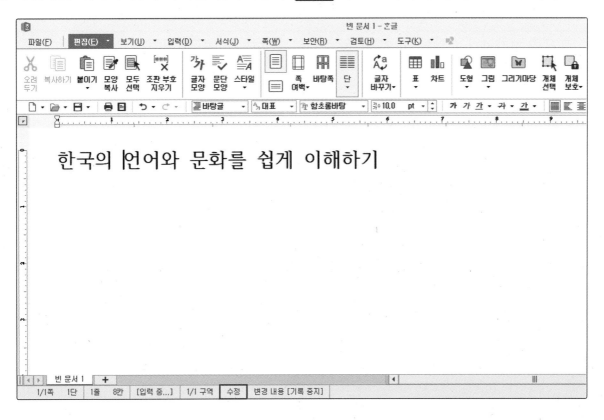

4. 커서 위치에서 "역사와"를 입력하면 오른쪽 글자가 하나씩 지워지면서 새로운 내용이 입력됩니다.

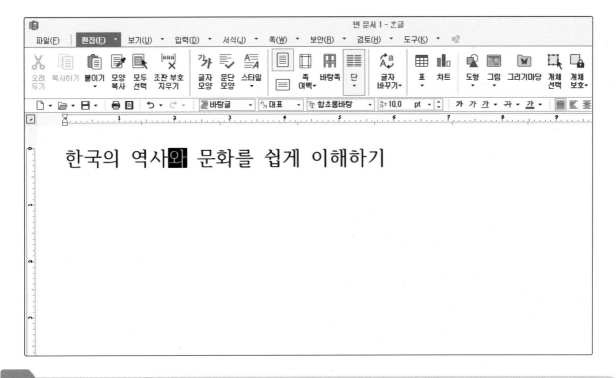

tip
삽입과 수정
- 삽입 : 삽입 상태에서 `SpaceBar` 키를 누르면 커서 위치에 공백이 삽입됩니다.
- 수정 : 수정 상태에서 `SpaceBar` 키를 누르면 커서 위치의 문자가 삭제됩니다.

1. 문서를 저장하기 위하여 [파일] 탭을 클릭하고, [저장하기]를 선택하거나 서식 도구 상자에서 저장하기(🖫) 단추를 클릭합니다.

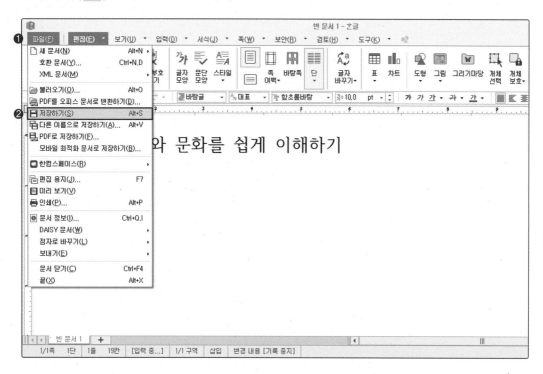

2. [다른 이름으로 저장하기] 대화 상자에서 저장 위치는 'C:\한글 2016-소스'로 지정하고, 파일 이름은 "한국"으로 입력한 후 [저장] 단추를 클릭합니다.

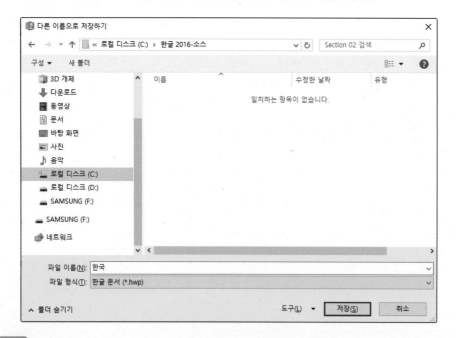

---

tip

제목 표시줄

문서를 저장하면 제목 표시줄에서 '파일 이름'과 '저장 위치'를 확인할 수 있습니다.

한국.hwp [C:\한글 2016-소스\] – 흔글

3. 문서 닫기를 한 후 저장한 문서를 불러오려면 [파일] 탭을 클릭하고, [불러오기]를 선택하거나 서식 도구 상자에서 불러오기(📂) 단추를 클릭합니다.

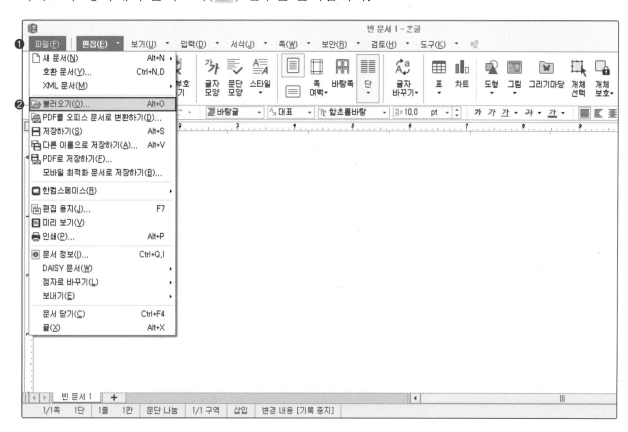

4. [불러오기] 대화 상자에서 찾는 위치는 'C:₩한글 2016-소스'로 지정하고, 파일 이름은 '한국'을 선택한 후 [열기] 단추를 클릭합니다.

혼자 풀어보기

① 화면에 주어진 내용을 입력한 후 '해킹.hwp'로 저장해 보세요.

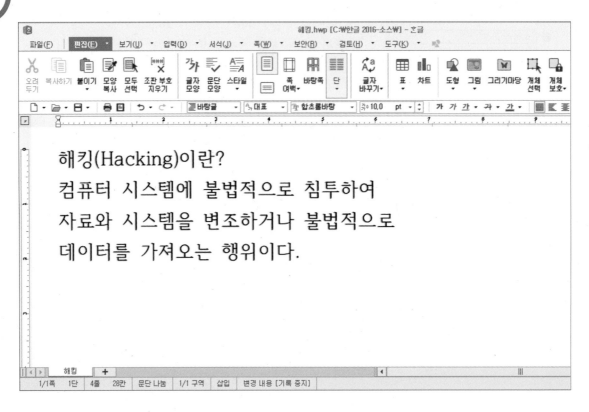

해킹(Hacking)이란?
컴퓨터 시스템에 불법적으로 침투하여
자료와 시스템을 변조하거나 불법적으로
데이터를 가져오는 행위이다.

② '해킹.hwp' 파일에서 삽입과 수정 모드를 이용하여 해당 부분의 내용을 수정해 보세요.

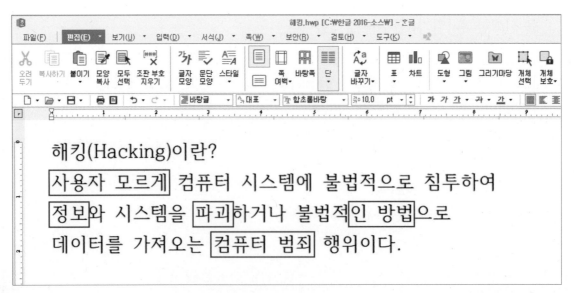

해킹(Hacking)이란?
사용자 모르게 컴퓨터 시스템에 불법적으로 침투하여
정보와 시스템을 파괴하거나 불법적인 방법으로
데이터를 가져오는 컴퓨터 범죄 행위이다.

> **HINT** [Insert] 를 이용하되 '사용자 모르게'는 삽입 모드, '정보'는 수정 모드, '파괴'는 수정 모드, '인 방법'은 삽입 모드, '컴퓨터 범죄'는 삽입 모드에서 각각 입력합니다.

③ 화면에 주어진 내용을 입력하여 '바이러스.hwp'로 저장한 후 문서 닫기를 해 보세요.

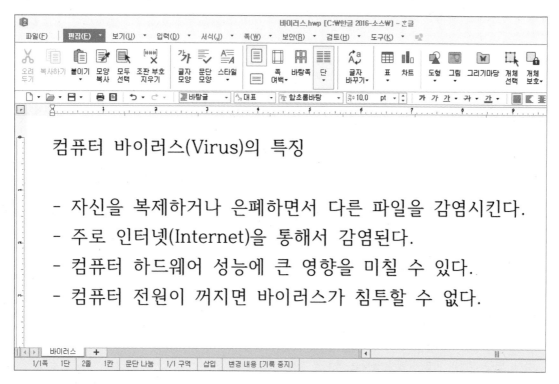

④ 현재 화면에서 앞서 저장한 '바이러스.hwp' 파일을 다시 불러오기 해 보세요.

SECTION 03 한자와 특수 문자 입력하기

문서 내용을 입력하면서 키보드에 없는 한자와 함께 다양한 특수 문자(기호)를 원하는 문서 위치에 삽입(입력)하는 방법에 대해 살펴봅니다.

1 한자 입력하기

1. 화면에 주어진 문서 내용을 입력한 후 'C:₩한글 2016-소스'에 'IT 창업가.hwp'로 저장합니다.

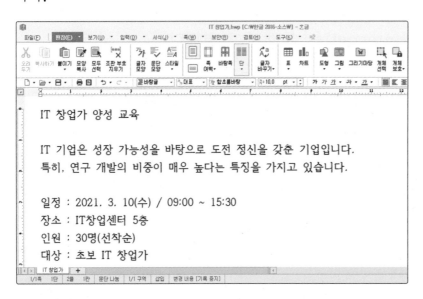

2. '양성' 뒤에 커서를 위치시킨 후 [편집] 탭에서 글자 바꾸기( ) 아이콘을 클릭하고, [한자로 바꾸기]를 선택합니다.

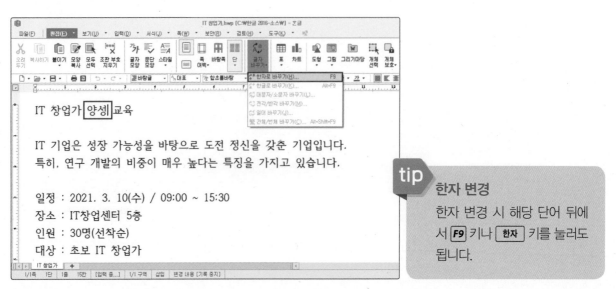

> **tip**
> **한자 변경**
> 한자 변경 시 해당 단어 뒤에 서 **F9** 키나 **한자** 키를 눌러도 됩니다.

3. [한자로 바꾸기] 대화 상자에서 해당 '한자'와 '입력 형식'을 각각 선택하고, [바꾸기] 단추를 클릭합니다.

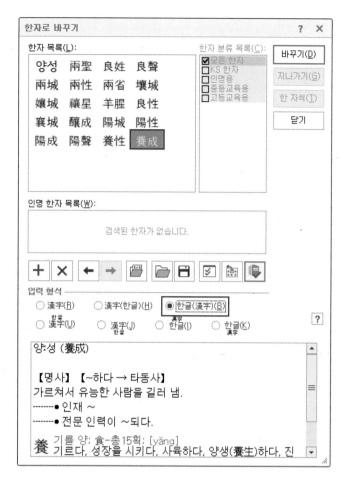

tip 입력 형식
漢字 : 養成, 漢字(한글) : 養成(양성),
한글(漢字) : 양성(養成)

4. 동일한 방법으로 주어진 단어들을 입력 형식에 맞추어 해당 한자로 각각 변경합니다.

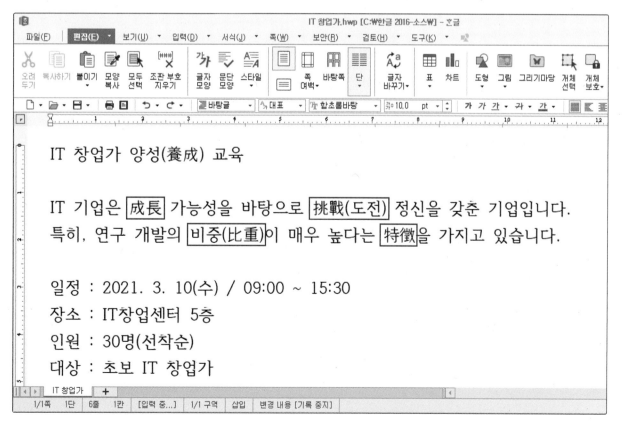

1. 특수 문자를 입력하기 위하여 제목 앞에 커서를 위치시킨 후 [입력] 탭의 펼침(▾) 단추를 클릭하고, [문자표]를 선택합니다.

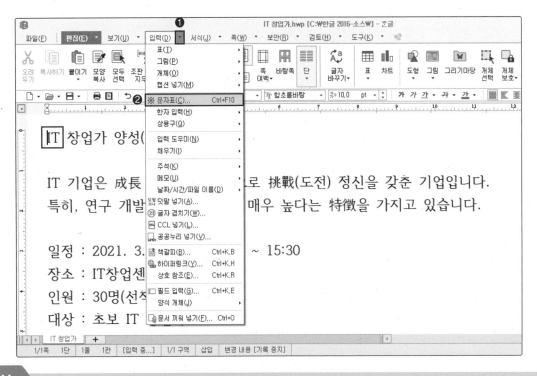

tip

문자표 선택

[편집] 탭에서 문자표( ) 아이콘을 클릭하고, [문자표]를 선택해도 되는데, 만일 문자표(※) 아이콘을 클릭할 경우는 방금 전에 입력한 특수 문자가 바로 삽입됩니다.

2. [문자표 입력] 대화 상자의 [흔글(HNC) 문자표] 탭에서 문자 영역은 '전각 기호(일반)'을 선택하고, 원하는 모양의 특수 문자(◎)를 선택한 후 [넣기] 단추를 클릭합니다.

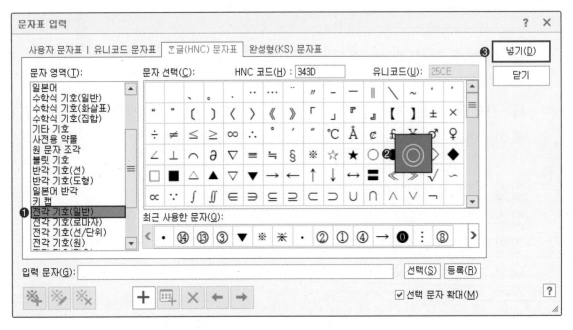

3. 동일한 방법으로 제목 끝에도 해당 특수 문자를 삽입하되 제목 앞/뒤의 사이 간격은 <kbd>SpaceBar</kbd> 키를 한 번씩 눌러 띄워줍니다.

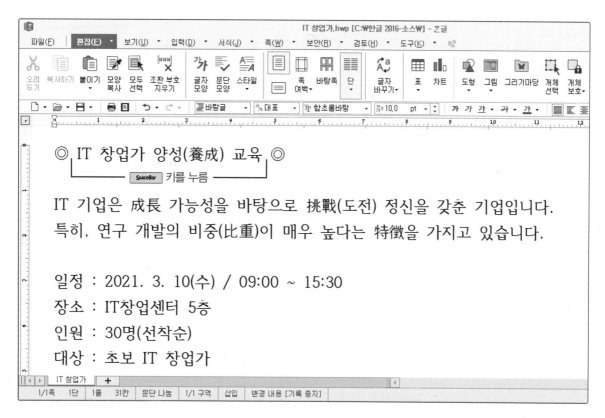

4. 이번에는 '일정, 장소, 인원, 대상' 앞에 커서를 위치시킨 후 [문자표 입력] 대화 상자에서 문자 영역은 '전각 기호(원)', 문자 선택은 '①, ②, ③, ④'를 각각 순차대로 선택하고, [넣기] 단추를 클릭합니다.

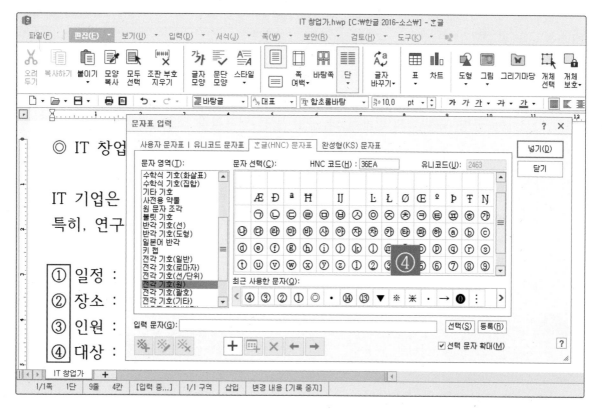

혼자 풀어보기

① 다음의 내용을 입력한 후 입력 형식에 맞게 한자를 적용해 보세요.

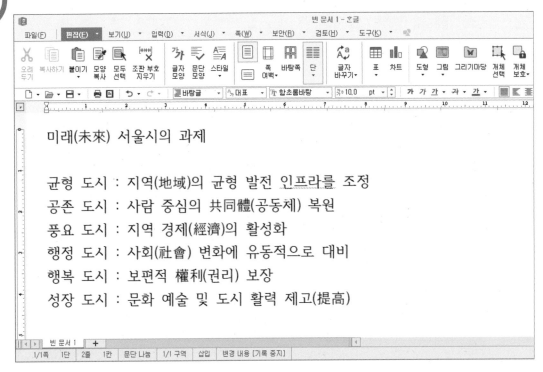

② 본문 내용에 주어진 특수 문자를 각각 삽입하고, '과제.hwp'로 저장해 보세요.

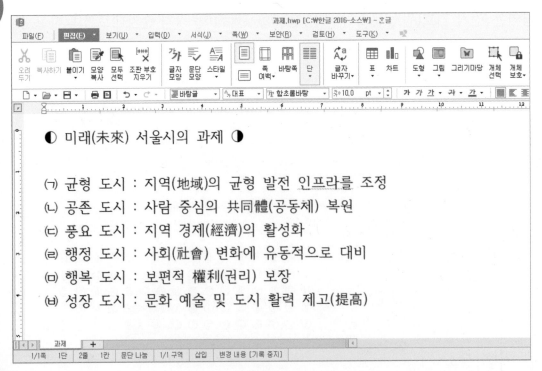

HINT
[문자표 입력] 대화 상자의 [훈글(HNC) 문자표] 탭에서 '전각 기호(일반)'과 '전각 기호(괄호)'를 선택합니다.

③ 다음의 내용을 입력한 후 입력 형식에 맞게 다양한 한자를 적용해 보세요.

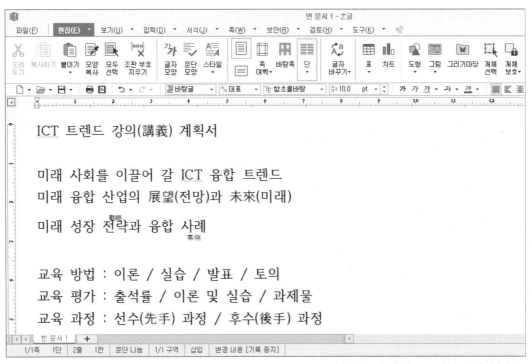

④ 본문 내용에 주어진 특수 문자를 각각 삽입하고, 'ICT 트렌드.hwp'로 저장해 보세요.

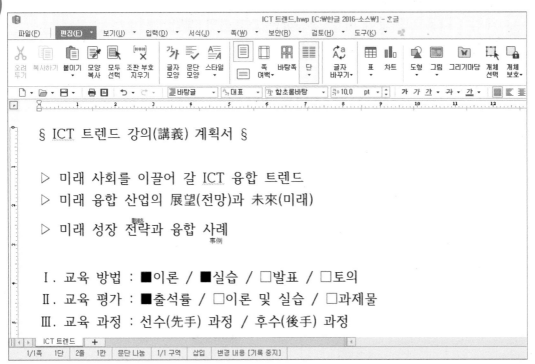

HINT

[문자표 입력] 대화 상자의 [한글(HNC) 문자표] 탭에서 '전각 기호(일반)'과 '전각 기호(로마자)'를 선택합니다.

글자 모양 지정하기

문서 내용의 원하는 부분에 다양한 글꼴 서식(글꼴, 크기, 장평, 자간, 글자 색, 음영 색 등)을 적용하여 글자 속성을 변경하는 방법에 대해 살펴봅니다.

1 글꼴 서식 지정하기

1. 주어진 문서 내용을 입력하여 'C:₩한글 2016-소스'에 '5G.hwp'로 저장한 후 제목을 블록 지정하고, [편집] 탭에서 글자 모양( ) 아이콘을 클릭합니다.

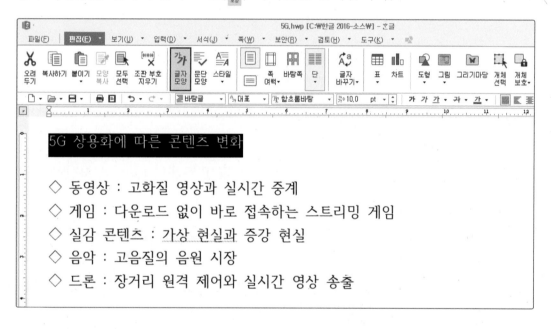

2. [글자 모양] 대화 상자의 [기본] 탭에서 기준 크기는 '13pt', 글꼴은 '궁서체', 장평은 '110%', 자간은 '5%'를 각각 지정하고, [설정] 단추를 클릭합니다.

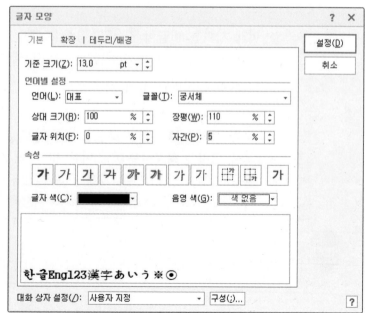

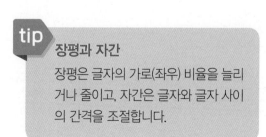

tip

장평과 자간

장평은 글자의 가로(좌우) 비율을 늘리거나 줄이고, 자간은 글자와 글자 사이의 간격을 조절합니다.

1. 본문에서 '스트리밍 게임'을 블록 지정한 후 [글자 모양] 대화 상자의 [기본] 탭에서 속성은 '기울임'과 '그림자', 글자 색은 '파랑'을 각각 선택하고, [설정] 단추를 클릭합니다.

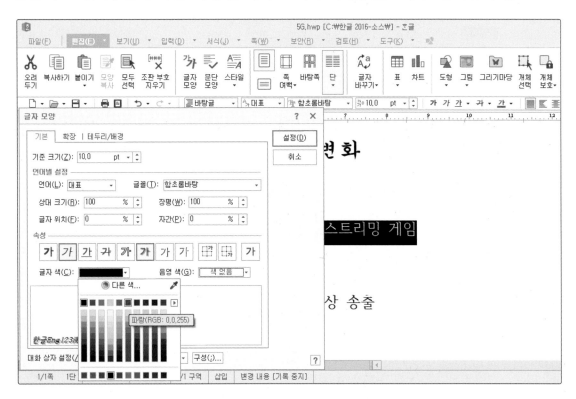

2. 이번에는 해당 부분을 블록 지정한 후 서식 도구 상자에서 '밑줄'과 '빨강'을 각각 지정합니다.

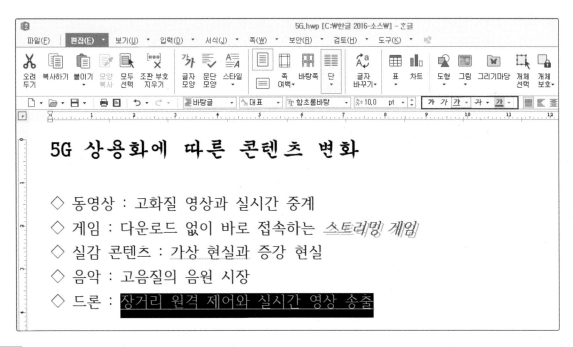

tip **글자 모양 변경**

글꼴 서식과 글자 속성을 지정할 경우 [글자 모양] 대화 상자나 서식 도구 상자를 이용하여 변경할 수 있습니다.

혼자 풀어보기

① 다음의 내용을 입력한 후 제목에 임의의 글꼴 서식을 지정해 보세요.

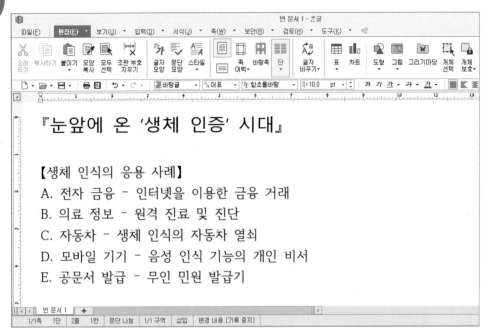

HINT 제목 : 기준 크기–13pt, 글꼴–맑은 고딕, 장평–110%

② 문서의 해당 내용에 임의의 글자 속성을 지정하고, '생체.hwp'로 저장해 보세요.

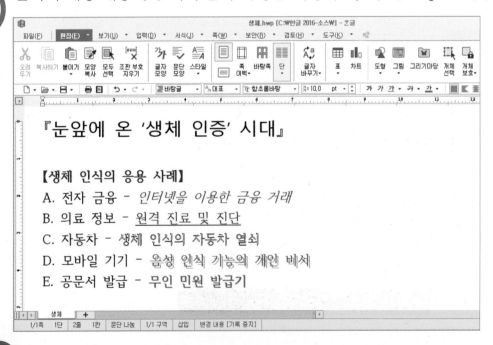

HINT 글자 속성 : 진하게, 기울임, 밑줄, 외곽선, 그림자, 음각

③ 다음의 내용을 입력한 후 제목에 임의의 글꼴 서식을 지정해 보세요.

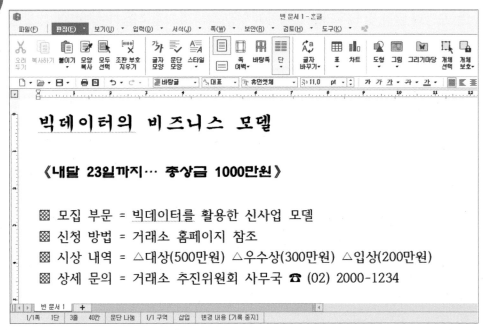

 HINT 대제목 : 기준 크기-14pt, 글꼴-궁서체, 장평-105%, 자간-5% / 중제목 : 기준 크기-11pt, 글꼴-휴먼옛체

④ 문서의 해당 내용에 임의의 글자 속성을 지정하고, '빅데이터.hwp'로 저장해 보세요.

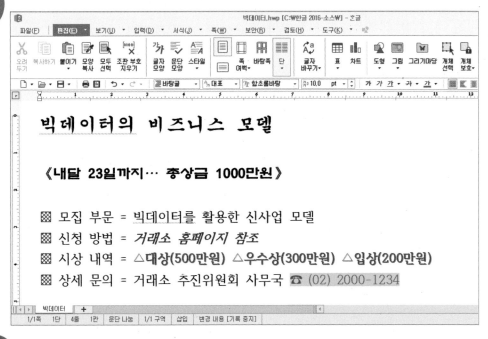

HINT 글자 속성 : 진하게와 기울임, 진하게와 양각, 글자 색과 음영 색

SECTION 05 문단 첫 글자 장식하기

문단 첫 글자 장식은 문단 시작의 첫 번째 글자를 크게 만들어 강조 효과를 주는 기능으로 여기에서는 모양과 글꼴 및 테두리를 활용하여 멋진 장식 효과를 적용하는 방법에 대해 살펴봅니다.

1 문단 첫 글자 지정하기

1. 주어진 문서 내용을 입력하여 'C:\한글 2016-소스'에 '농촌.hwp'로 저장한 후 첫 번째 글자 앞에서 [서식] 탭의 펼침(▼) 단추를 클릭하고, [문단 첫 글자 장식]을 선택합니다.

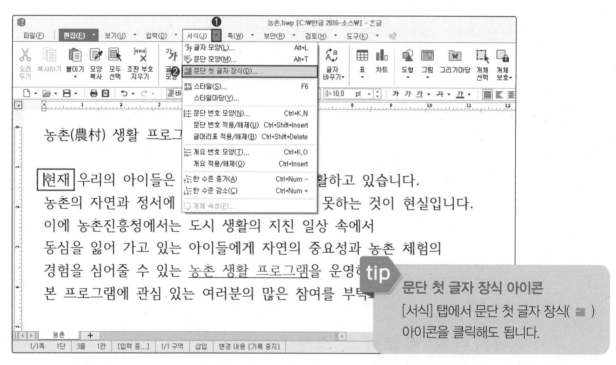

> **tip**
> **문단 첫 글자 장식 아이콘**
> [서식] 탭에서 문단 첫 글자 장식(갤)
> 아이콘을 클릭해도 됩니다.

2. [문단 첫 글자 장식] 대화 상자에서 모양은 '2줄', 글꼴은 '궁서체', 면 색은 '노랑(RGB: 255,255,0)'을 각각 지정하고, [설정] 단추를 클릭합니다.

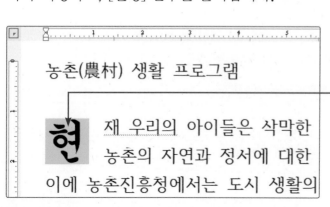

2 문단 첫 글자 색상 변경하기

1. 문단 첫 글자 장식의 색상을 변경하기 위하여 해당 글자를 블록 지정한 후 서식 도구 상자에서 글자 색(가 ▼) 아이콘을 클릭하고, '빨강(RGB: 255,0,0)'을 선택합니다.

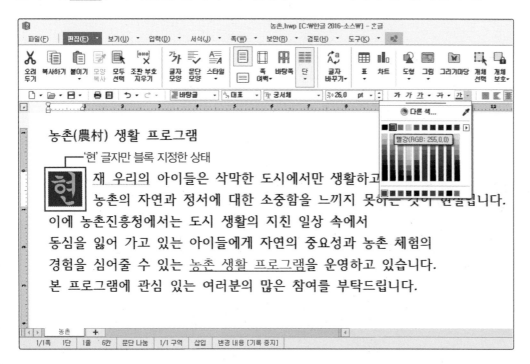

2. 그 결과 블록을 해제하면 문단 첫 글자의 색상이 변경된 것을 확인할 수 있습니다.

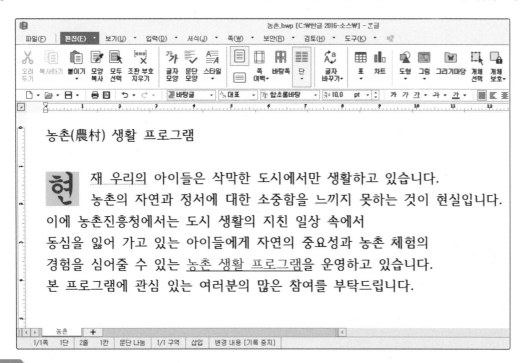

> **tip** 문단 첫 글자 모양
> • 2줄 : 글자를 문단의 왼쪽 끝에 맞추고, 나머지 본문은 글자 오른쪽에 2줄만 걸치도록 배열합니다.
> • 3줄 : 글자를 문단의 왼쪽 끝에 맞추고, 나머지 본문은 글자 오른쪽에 3줄만 걸치도록 배열합니다.
> • 여백 : 글자의 크기를 '3줄'과 같은 크기로 만들어 문단의 왼쪽 여백 바깥쪽에 배열합니다.

혼자 풀어보기

① 다음의 내용을 입력한 후 2줄 모양의 문단 첫 글자를 장식하고, '협상.hwp'로 저장해 보세요.

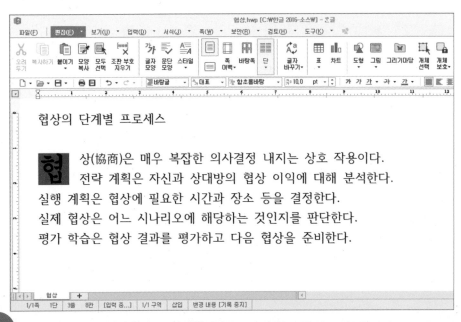

HINT 모양 : 2줄, 글꼴 : 궁서체, 면 색 : 빨강

② 다음의 내용을 입력한 후 3줄 모양의 문단 첫 글자를 장식하고, '점유율.hwp'로 저장해 보세요.

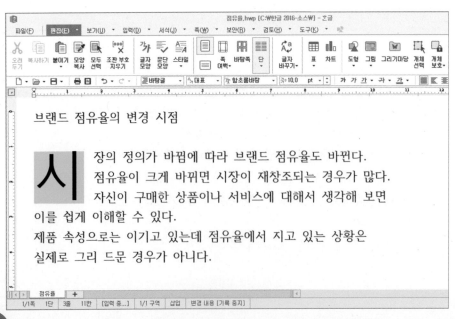

HINT 모양 : 3줄, 글꼴 : 맑은 고딕, 면 색 : 노랑

③ 다음의 내용을 입력한 후 2줄 모양의 문단 첫 글자를 장식한 후 글자 색을 변경하고, '스팸.hwp'로 저장해 보세요.

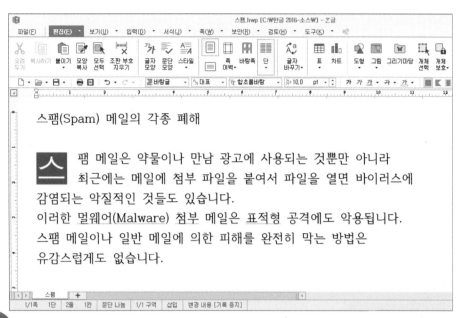

모양 : 2줄, 글꼴 : 돋움체, 면 색 : 초록, 글자 색 : 하양

④ 다음의 내용을 입력한 후 3줄 모양의 문단 첫 글자를 장식한 후 글자 색을 변경하고, '딥러닝.hwp'로 저장해 보세요.

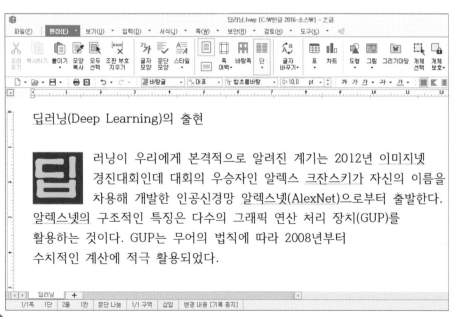

모양 : 3줄, 글꼴 : 휴먼옛체, 면 색 : 파랑, 글자 색 : 노랑

SECTION 06 문단 모양 지정하기

문단 모양은 작성한 문서 내용에 대해 다양한 정렬 방식과 왼쪽/오른쪽 여백, 들여쓰기, 내어 쓰기, 줄 간격, 문단 위/아래 등을 설정하는 것으로 여기에서는 각 문장에 몇 가지 문단 모양을 지정하는 방법에 대해 살펴봅니다.

1 문단 정렬 방식 지정하기

1. 주어진 문서 내용을 입력하여 'C:₩한글 2016−소스'에 'AI.hwp'로 저장한 후 첫 번째 문단을 블록 지정하고, 서식 도구 상자에서 가운데 정렬(≡) 아이콘을 클릭합니다.

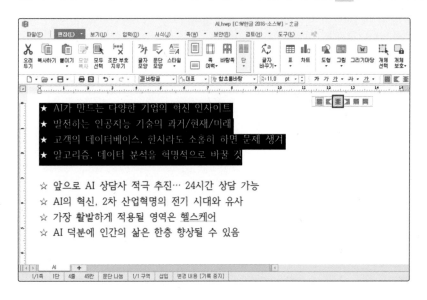

2. 이번에는 두 번째 줄을 블록 지정한 후 서식 도구 상자에서 왼쪽 정렬(≡) 아이콘을 클릭합니다.

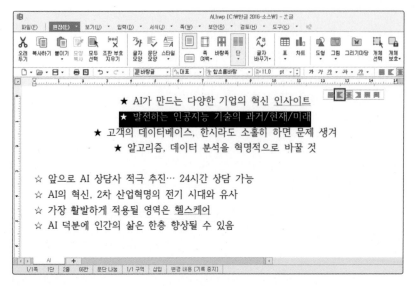

3. 이번에는 세 번째 줄을 블록 지정한 후 서식 도구 상자에서 오른쪽 정렬(▤) 아이콘을 클릭합니다.

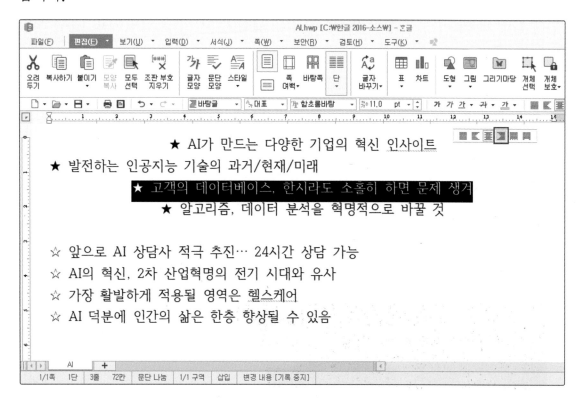

4. 마지막으로 네 번째 줄을 블록 지정한 후 서식 도구 상자에서 배분 정렬(▤) 아이콘을 클릭합니다.

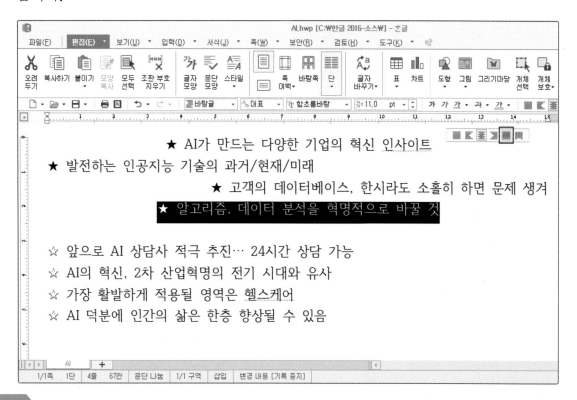

tip

나눔 정렬(▤)
글자 수에 상관없이 양쪽 정렬을 하되, 어절 사이를 일정하게 띄우는 정렬 방식입니다.

1. 두 번째 문단 내용을 블록 지정한 후 [서식] 탭의 펼침(▾) 단추를 클릭하고, [문단 모양]을 선택합니다.

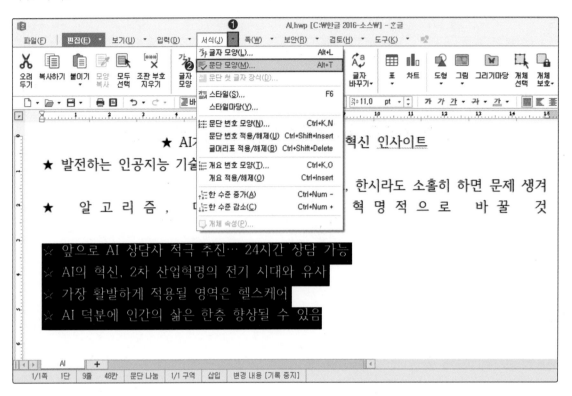

> **tip**
>
> **문단 모양**
>
> [편집] 또는 [서식] 탭에서 문단 모양(▾) 아이콘을 클릭해도 됩니다.

2. [문단 모양] 대화 상자의 [기본] 탭에서 왼쪽 여백을 '30pt'로 지정하고, [설정] 단추를 클릭합니다.

> **tip**
>
> **왼쪽/오른쪽 여백**
>
> 현재 문단 내용의 왼쪽/오른쪽 여백을 어느 정도 띄울 것인지를 지정합니다.

3. 두 번째와 세 번째 줄을 블록 지정한 후 [문단 모양] 대화 상자의 [기본] 탭에서 들여쓰기를 '30pt'로 지정하고, [설정] 단추를 클릭합니다.

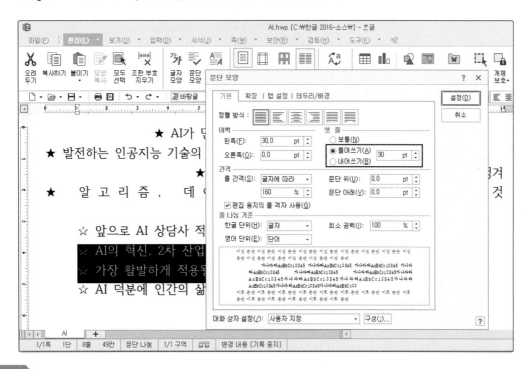

tip **들여쓰기 :** 문단 첫 줄이 해당 문단 전체의 왼쪽 여백보다 오른쪽으로 들어가서 시작되도록 설정합니다.

4. 다시 두 번째 문단 내용을 모두 블록 지정한 후 [문단 모양] 대화 상자의 [기본] 탭에서 줄 간격을 '200%'로 지정하고, [설정] 단추를 클릭합니다.

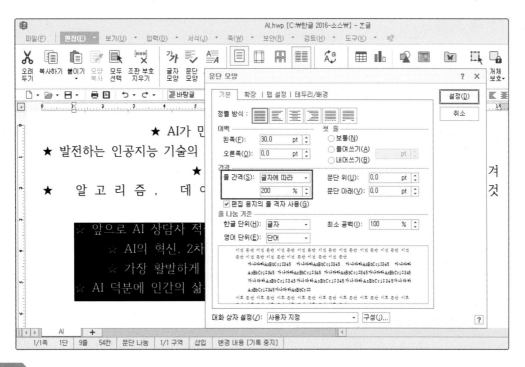

tip **줄 간격 :** 윗줄과 아랫줄 사이의 간격으로 서식 도구 모음에서 줄 간격 목록(200 %) 단추를 클릭하여 수치를 조정해도 됩니다.

혼자 풀어보기

1 다음의 내용을 입력한 후 제목을 가운데 정렬하고, '의학.hwp'로 저장해 보세요.

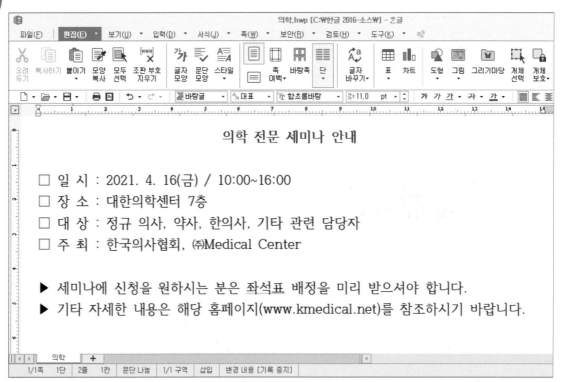

2 문서 내용 중 첫 번째 문단은 오른쪽 정렬로 지정하고, 두 번째 문단은 배분 정렬로 지정해 보세요.

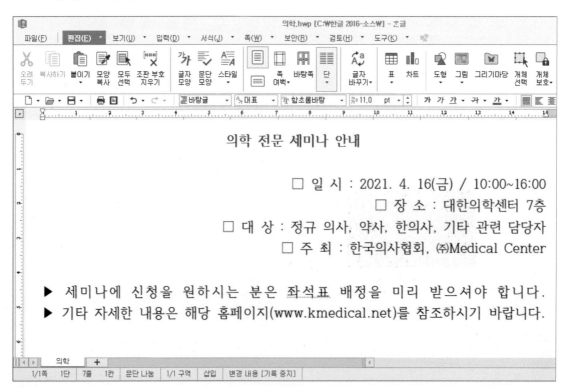

③ 다음의 내용을 입력한 후 첫 문단에 들여쓰기를 '25pt'로 지정하고, '고용.hwp'로 저장해 보세요.

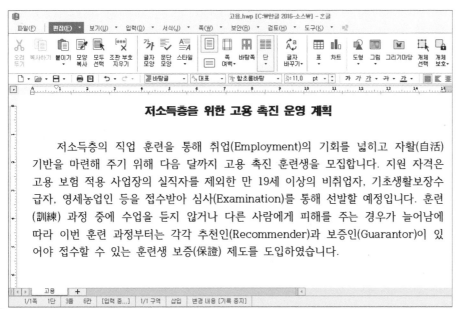

 문단 내용을 블록 지정한 후 [문단 모양] 대화 상자의 [기본] 탭에서 들여쓰기를 '25pt'로 지정합니다.

④ 문서 내용에서 왼쪽 여백은 '10pt'와 줄 간격은 '190%'를 각각 지정해 보세요.

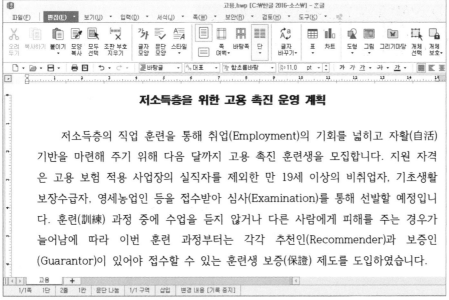

HINT 문서 내용을 블록 지정한 후 [문단 모양] 대화 상자의 [기본] 탭에서 왼쪽 여백은 '10pt', 줄 간격은 '190%'를 각각 지정합니다.

SECTION 07

문단과 쪽 테두리 지정하기

작성한 문서 내용 중에서 특정 문단에 대해 문단 테두리를 지정해 보고, 전체 문서에 대해서는 쪽 테두리를 지정하는 방법에 대해 살펴봅니다.

1 문단 테두리 지정하기

1. 주어진 문서 내용을 입력하여 'C:\한글 2016-소스'에 '디자인.hwp'로 저장한 후 두 번째 문단을 블록 지정하고, [편집] 탭에서 문단 모양() 아이콘을 클릭합니다.

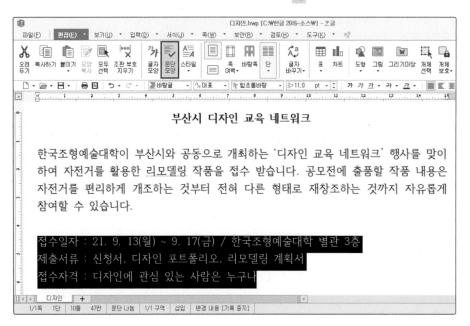

2. [문단 모양] 대화 상자의 [테두리/배경] 탭에서 테두리의 종류는 '점선', 굵기는 '0.5mm', 색은 '초록'을 각각 지정합니다.

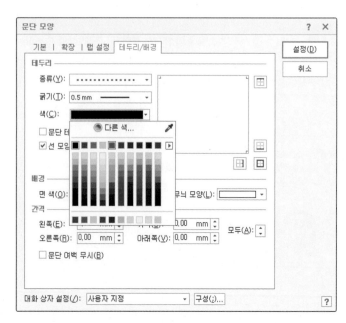

3. 계속해서 모두(■) 단추를 클릭하여 문단 테두리의 미리 보기를 확인한 후 '문단 테두리 연결'을 선택하고, [설정] 단추를 클릭합니다.

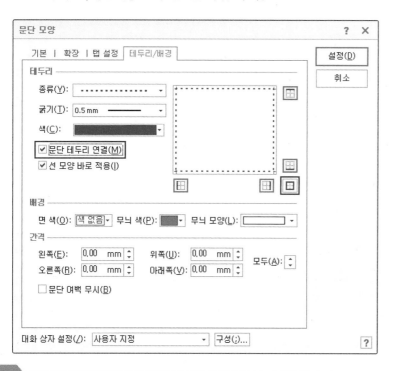

tip

문단 테두리 연결

두 개 이상의 문단에서 현재 문단과 이어지는 다음 문단들을 하나의 문단 테두리로 연결하는 것으로 이를 선택하지 않으면 줄 사이마다 테두리 선이 나타납니다.

4. 그 결과 해당 문단에 점선의 테두리가 적용된 것을 확인할 수 있습니다.

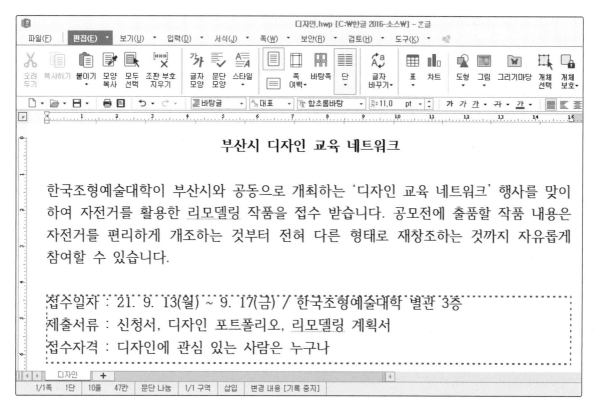

1. 현재 문서에 쪽 테두리를 지정하기 위하여 [쪽] 탭의 펼침(▾) 단추를 클릭하고, [쪽 테두리/배경]을 선택합니다.

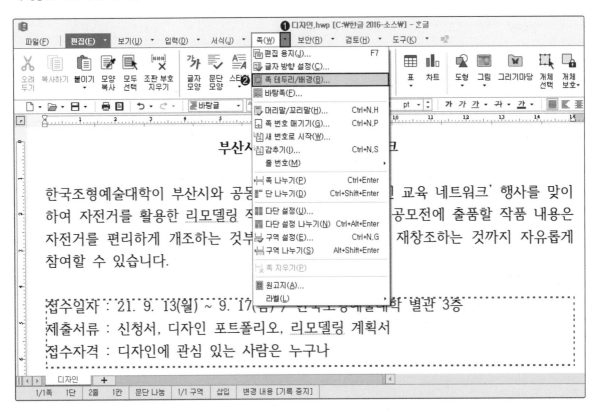

2. [쪽 테두리/배경] 대화 상자의 [테두리] 탭에서 테두리의 종류는 '이중 실선', 굵기는 '0.5mm', 색은 '파랑'을 각각 지정합니다.

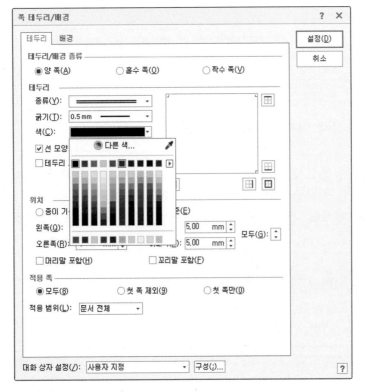

3. 계속해서 모두(▣) 단추를 클릭하여 쪽 테두리의 미리 보기를 확인한 후 [설정] 단추를 클릭합니다.

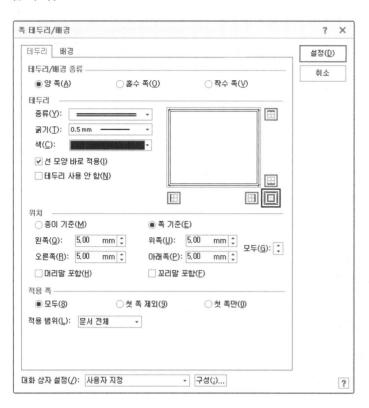

4. 쪽 테두리를 확인하기 위하여 [보기] 탭에서 쪽 윤곽(▣) 아이콘을 클릭합니다.

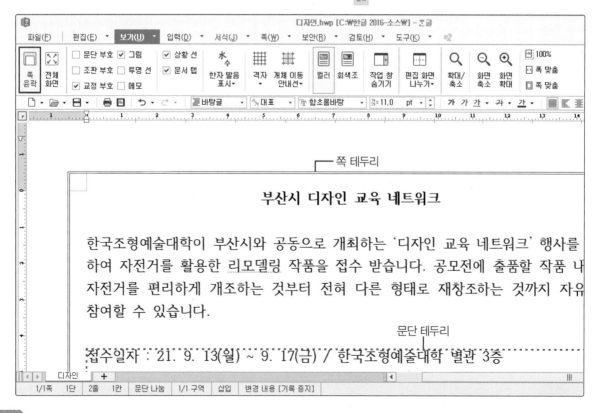

tip

쪽 테두리 확인 : 쪽 테두리는 쪽 윤곽을 선택한 상태에서 확인할 수 있으며, [파일]-[미리 보기]를 선택하면 전체 내용을 한번에 확인할 수 있습니다.

① 다음의 내용을 입력한 후 첫 번째 문단에 빨간색의 파선 테두리를 지정하고, '브라우저.hwp'로 저장해 보세요.

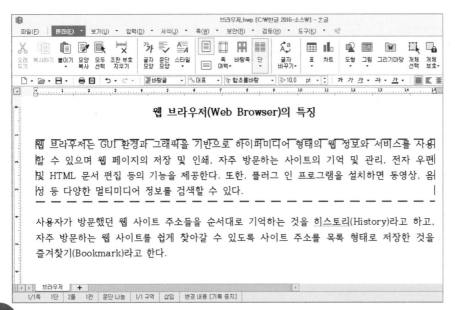

HINT [문단 모양] 대화 상자의 [테두리/배경] 탭에서 테두리 종류는 '파선', 굵기는 '0.5mm', 색은 '빨강'을 각각 지정합니다.

② 두 번째 문단에는 파란색의 물결선 테두리를 지정해 보세요.

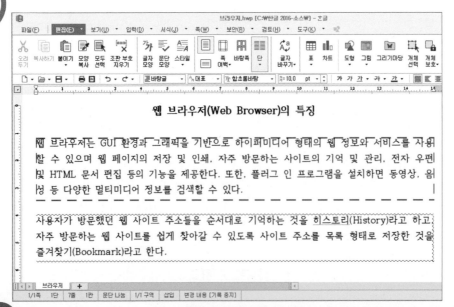

HINT [문단 모양] 대화 상자의 [테두리/배경] 탭에서 테두리 종류는 '물결선', 굵기는 '0.5mm', 색은 '파랑'을 각각 지정합니다.

3 다음의 내용을 입력한 후 두 번째 문단에 초록색의 실선 테두리와 임의의 면 색을 지정하고, '클라우드.hwp'로 저장해 보세요.

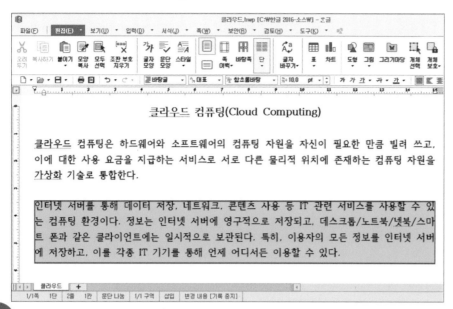

HINT [문단 모양] 대화 상자의 [테두리/배경] 탭에서 테두리 종류는 '실선', 굵기는 '0.5mm', 색은 '초록', 면 색은 '노랑'을 각각 지정합니다.

4 문서 전체에 이중 실선의 주황색 쪽 테두리를 지정해 보세요.

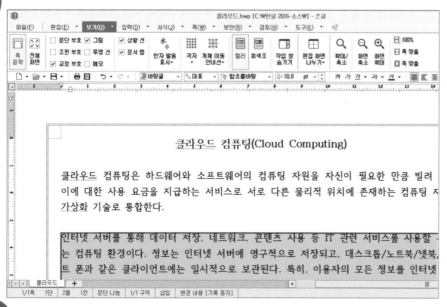

HINT [쪽 테두리/배경] 대화 상자의 [테두리] 탭에서 테두리 종류는 '이중 실선', 굵기는 '0.5mm', 색은 '주황'을 각각 지정합니다.

한·글·2·0·1·6

글머리표와 그림 글머리표 삽입하기

글머리표는 여러 개의 항목을 나열할 때 문단의 시작 부분에 불릿 모양을 삽입하는 기능으로
여기에서는 글머리표와 그림 글머리표를 각 항목마다 적용하는 방법에 대해 살펴봅니다.

1 글머리표 삽입하기

1. 주어진 문서 내용을 입력하여 'C:₩한글 2016–소스'에 '인식.hwp'로 저장한 후 해당 부분을 블
록 지정한 다음 [서식] 탭의 펼침(▾) 단추를 클릭하고, [문단 번호 모양]을 선택합니다.

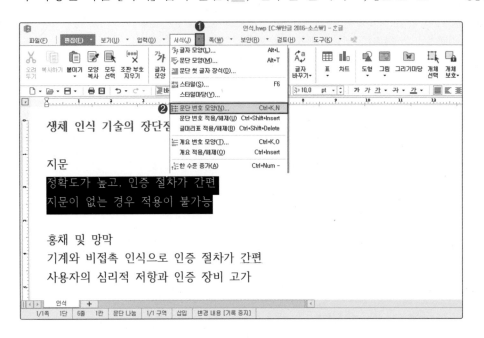

2. [문단 번호/글머리표] 대화 상자의 [글머
리표] 탭에서 원하는 글머리표 모양을 선
택하고, [설정] 단추를 클릭합니다.

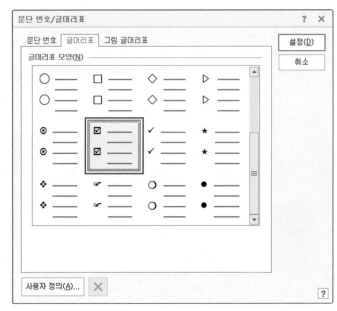

2 그림 글머리표 삽입하기

1. 그림 글머리표를 삽입하기 위하여 해당 부분을 블록 지정한 후 [문단 번호/글머리표] 대화 상자의 [그림 글머리표] 탭에서 원하는 그림 글머리표 모양을 선택하고, [설정] 단추를 클릭합니다.

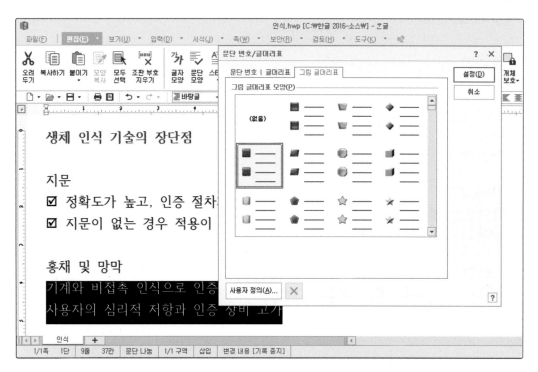

2. 그 결과 선택한 글머리표와 그림 글머리표가 삽입된 것을 확인할 수 있습니다.

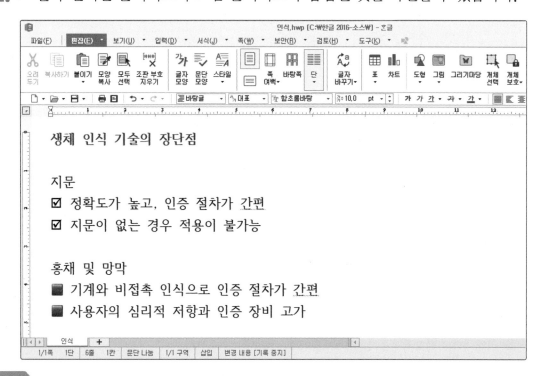

> **tip**
>
> **글머리표와 그림 글머리표**
>
> [서식] 탭에서 글머리표 목록(☰ ▾) 단추와 그림 글머리표 목록(☰ ▾) 단추를 클릭하고, 원하는 글머리표와 그림 글머리표를 선택할 수도 있습니다.

① 다음의 내용을 입력한 후 중제목에 원하는 글머리표를 각각 삽입하고, '사업.hwp'로 저장해 보세요.

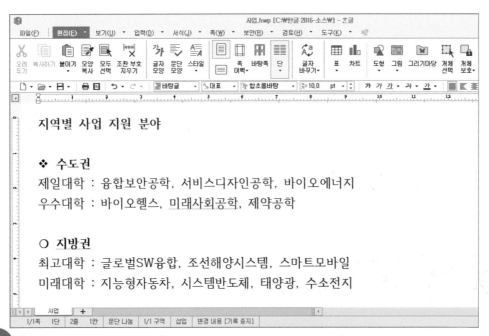

HINT [문단 번호/글머리표] 대화 상자의 [글머리표] 탭에서 원하는 글머리표 모양을 각각 선택합니다.

② 문서의 나머지 항목에 원하는 그림 글머리표를 각각 삽입해 보세요.

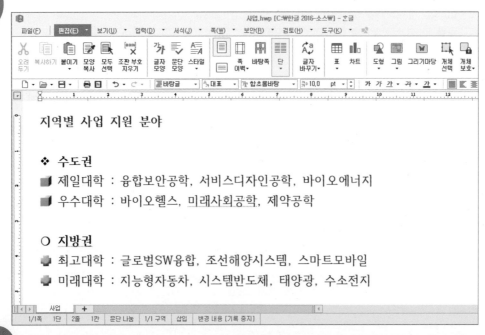

HINT [문단 번호/글머리표] 대화 상자의 [그림 글머리표] 탭에서 원하는 그림 글머리표 모양을 각각 선택합니다.

③ 다음의 내용을 입력한 후 항목 제목에 원하는 글머리표를 각각 삽입하고, '보안.hwp'로 저장해 보세요.

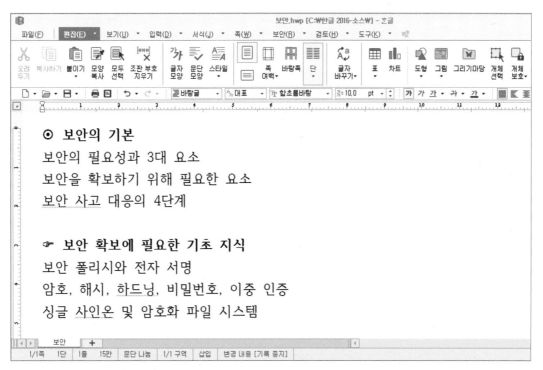

④ 문서의 나머지 항목에 원하는 그림 글머리표를 각각 삽입해 보세요.

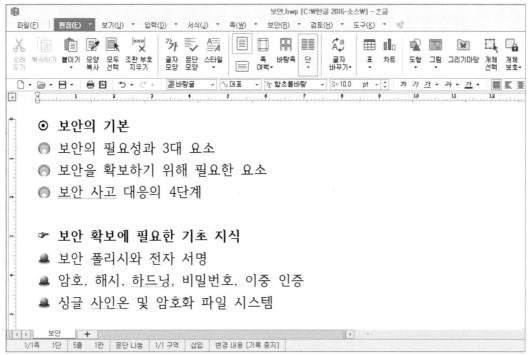

SECTION 09 다단 설정과 단 나누기

다단은 신문, 회보, 찾아보기 등을 만들 때 읽기 쉽도록 한 쪽을 여러 개의 단으로 나누는 기능입니다. 여기에서는 다단을 설정한 후 문서 내용에 따라 단을 분리하거나 독립적인 새로운 단을 나누는 방법에 대해 살펴봅니다.

1 다단 설정하기

1. 기본 화면에서 본문을 2단으로 나누기 위하여 [쪽] 탭의 펼침(▼) 단추를 클릭하고, [다단 설정]을 선택합니다.

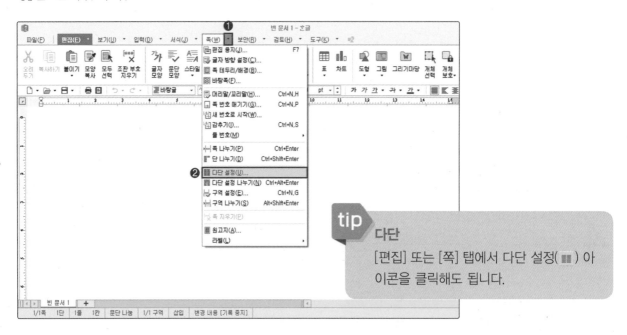

> **tip** 다단
> [편집] 또는 [쪽] 탭에서 다단 설정(▥) 아이콘을 클릭해도 됩니다.

2. [단 설정] 대화 상자에서 자주 쓰이는 모양은 '둘'과 '구분선 넣기'를 각각 선택하고, [설정] 단추를 클릭합니다.

3. 본문이 2단으로 나뉘면 제목(임의의 글꼴 서식)과 본문 내용을 입력합니다.

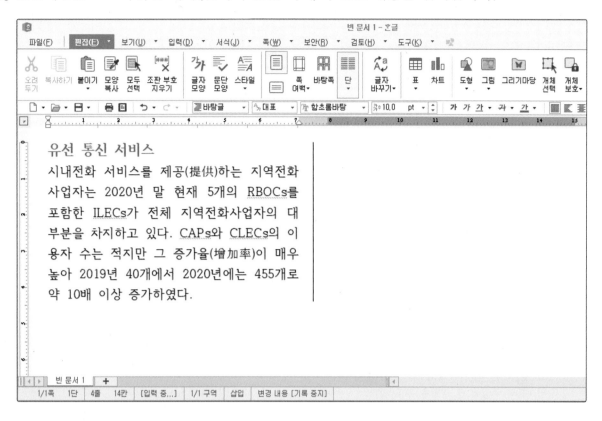

4. 계속해서 두 번째 문단에 제목(임의의 글꼴 서식)과 본문 내용을 입력합니다.

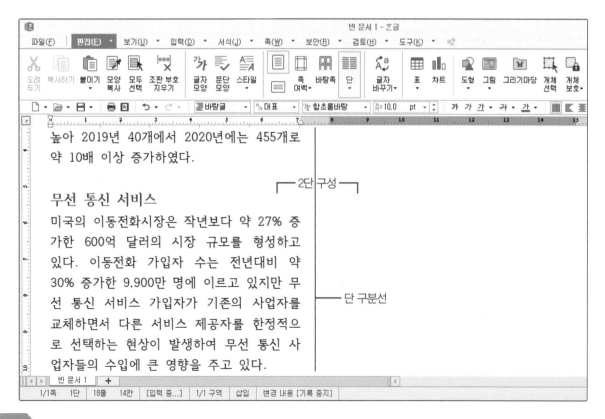

tip
단 구분선 : 단과 단 사이에 구분선을 삽입하되 종류, 굵기, 색 등을 지정할 수 있습니다.

1. 문단 내용을 다음 단으로 이동시키기 위하여 해당 내용 앞에 커서를 위치시킨 후 [쪽] 탭의 펼침(▾) 단추를 클릭하고, [단 나누기]를 선택합니다.

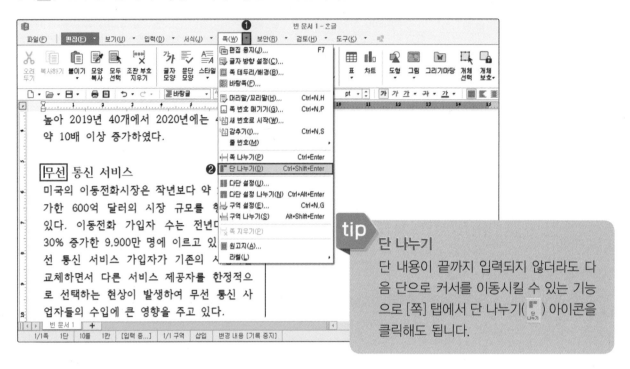

> **tip** **단 나누기**
> 단 내용이 끝까지 입력되지 않더라도 다음 단으로 커서를 이동시킬 수 있는 기능으로 [쪽] 탭에서 단 나누기(▤ 단나누기) 아이콘을 클릭해도 됩니다.

2. 문단이 다음 단으로 이동되면 독립적인 새로운 단을 만들기 위하여 오른쪽 단 하단에 커서를 위치시킨 후 [쪽] 탭의 펼침(▾) 단추를 클릭하고, [다단 설정 나누기]를 선택합니다.

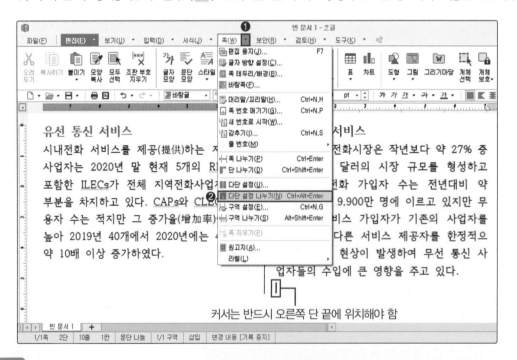

> **tip** **다단 설정 나누기**
> 한 쪽(페이지) 내에서 앞단과 관계없이 독립적인 새로운 단 모양을 만들 때 사용하는 기능으로 [쪽] 탭에서 다단 설정 나누기(▤ 다단설정 나누기) 아이콘을 클릭해도 됩니다.

3. 독립적인 새로운 단이 만들어지면 주어진 제목(임의의 글꼴 서식)과 본문 내용을 입력합니다.

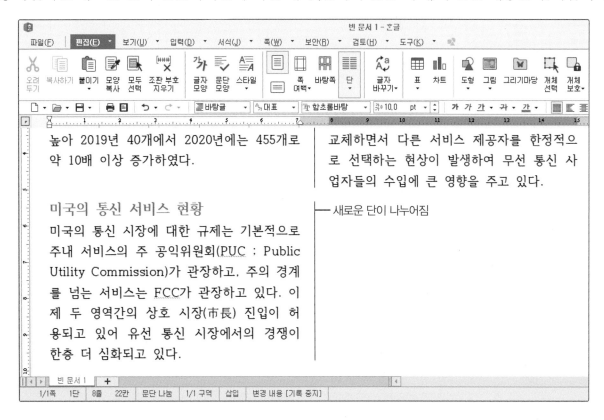

4. 문장 맨 끝에서 [단 나누기] 메뉴를 이용하여 단을 이동한 후 나머지 내용을 입력하고, 'C:₩한글 2016-소스'에 '통신.hwp'로 저장합니다.

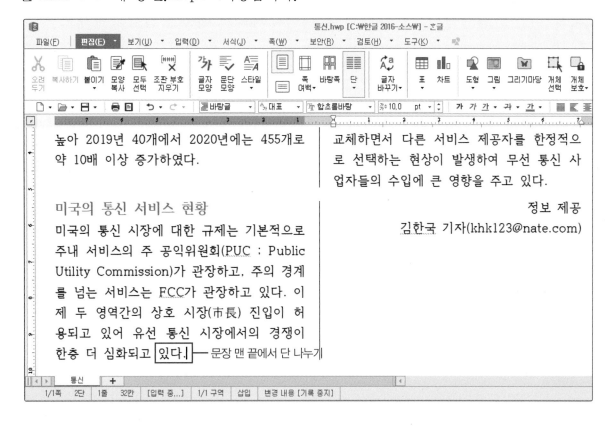

혼자 풀어보기

1 화면을 2단으로 나누기한 후 다음의 내용을 입력하고, '세대.hwp'로 저장해 보세요.

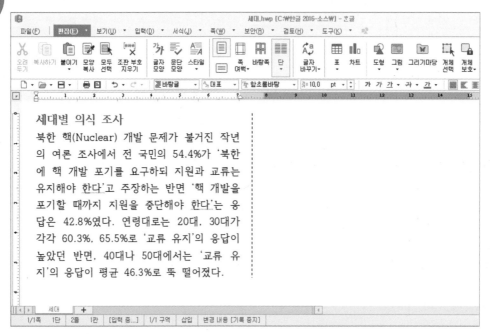

HINT [단 설정] 대화 상자에서 자주 쓰이는 모양은 '둘'과 '구분선 넣기(파선)'을 각각 선택합니다.

2 다단을 오른쪽 단으로 이동한 후 나머지 제목과 내용을 입력해 보세요.

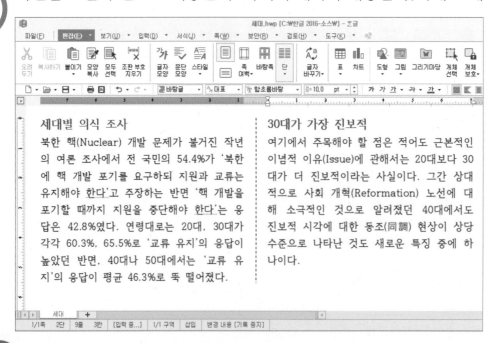

HINT 왼쪽 단 내용의 문장 맨 끝에 커서를 위치시킨 후 [쪽] 탭에서 [단 나누기] 아이콘을 클릭합니다.

③ 화면을 3단으로 나누기한 후 다음의 내용을 입력하고, '양극화.hwp'로 저장해 보세요.

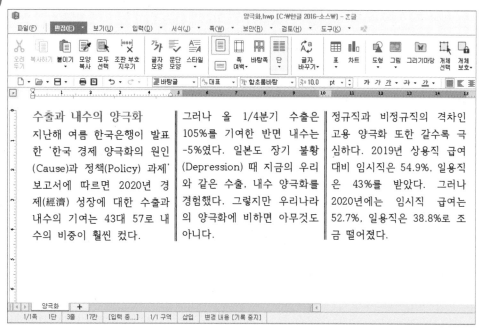

[단 설정] 대화 상자에서 자주 쓰이는 모양은 '셋'과 '구분선 넣기(이중 실선)'을 각각 선택합니다.

④ 세 번째 단 아래에 독립적인 새로운 단을 만들고, 나머지 내용을 입력해 보세요.

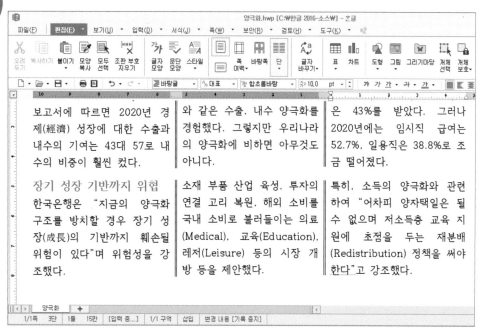

맨 오른쪽 단 하단에 커서를 위치시킨 후 [쪽] 탭에서 [다단 설정 나누기] 아이콘을 클릭합니다.

머리말과 꼬리말 삽입하기

한·글·2·0·1·6

머리말/꼬리말은 한 쪽(페이지)의 맨 위/맨 아래에 한 줄 정도로 내용을 입력할 수 있는 기능으로 책 제목, 장 제목 등을 삽입할 수 있습니다. 여기에서는 현재 문서에 머리말과 꼬리말을 삽입하는 방법에 대해 살펴봅니다.

1 머리말 삽입하기

1. 주어진 문서 내용을 입력하여 'C:₩한글 2016-소스'에 'LED.hwp'로 저장한 후 실선의 쪽 테두리를 지정합니다.

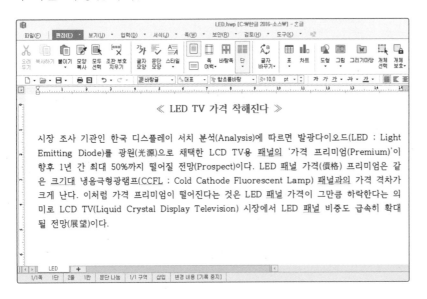

2. 머리말을 삽입하기 위하여 [쪽] 탭의 펼침(▼) 단추를 클릭하고, [머리말/꼬리말]을 선택합니다.

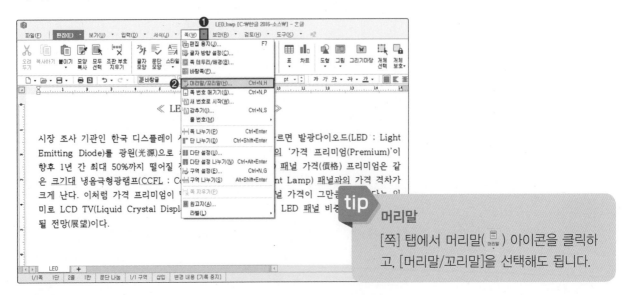

tip

머리말

[쪽] 탭에서 머리말(▤) 아이콘을 클릭하고, [머리말/꼬리말]을 선택해도 됩니다.

3. [머리말/꼬리말] 대화 상자에서 종류는 '머리말', 위치는 '양 쪽'을 선택하고, [만들기] 단추를 클릭합니다.

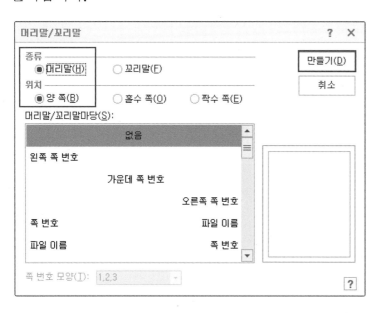

4. 머리말 화면이 나타나면 주어진 내용을 입력한 후 서식 도구 상자에서 글꼴은 '궁서체', 글자 크기는 '10pt', 속성은 '기울임', 글자 색은 '파랑'을 각각 지정하고, [머리말/꼬리말] 탭에서 머리말/꼬리말 닫기(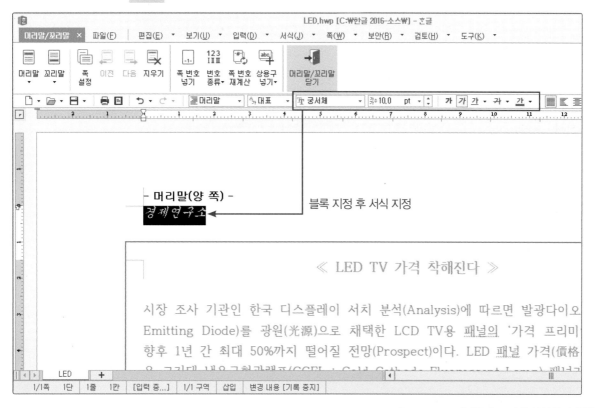 머리말/꼬리말 닫기) 아이콘을 클릭합니다.

1. 꼬리말을 삽입하기 위하여 [쪽] 탭에서 꼬리말( ) 아이콘을 클릭하고, [머리말/꼬리말]을 선택합니다.

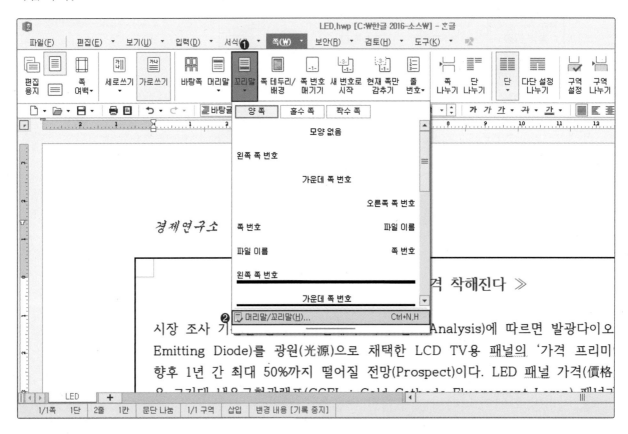

2. [머리말/꼬리말] 대화 상자에서 종류는 '꼬리말', 위치는 '양 쪽'을 선택하고, [만들기] 단추를 클릭합니다.

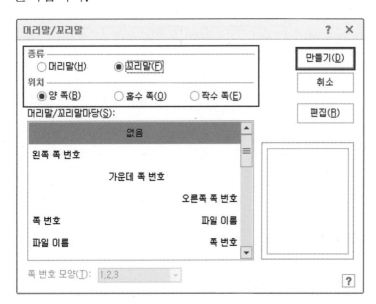

3. 꼬리말 화면이 나타나면 주어진 내용을 입력한 후 서식 도구 상자에서 글꼴은 '돋움체', 글자 크기는 '9pt', 글자 색은 '빨강', 정렬 방식은 '가운데 정렬'을 각각 지정하고, [머리말/꼬리말] 탭에서 머리말/꼬리말 닫기(　) 아이콘을 클릭합니다.

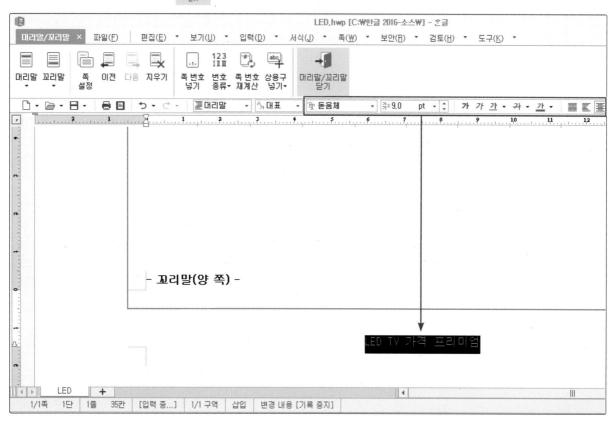

tip

머리말과 꼬리말의 수정

머리말/꼬리말을 입력한 후 이를 수정(편집)할 경우 본문 화면의 머리말/꼬리말 부분에서 마우스 포인터가 변경되면 해당 부분을 더블 클릭합니다.

경제연구소 ——— 머리말 더블 클릭 후 수정

꼬리말 더블 클릭 후 수정

LED TV 가격 프리미엄

혼자 풀어보기

① 다음의 내용을 입력한 후 파선의 쪽 테두리를 지정하고, '패널.hwp'로 저장해 보세요.

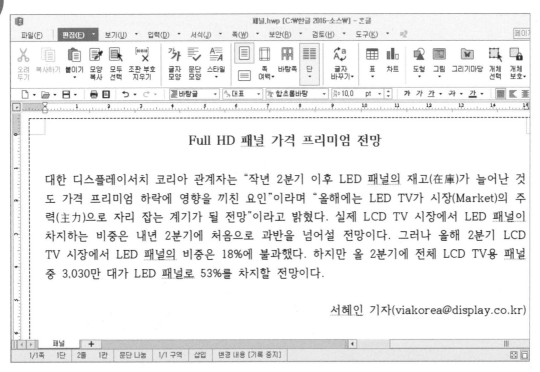

② 문서 상단에 주어진 머리말(맑은 고딕, 10pt, 빨강)을 삽입해 보세요.

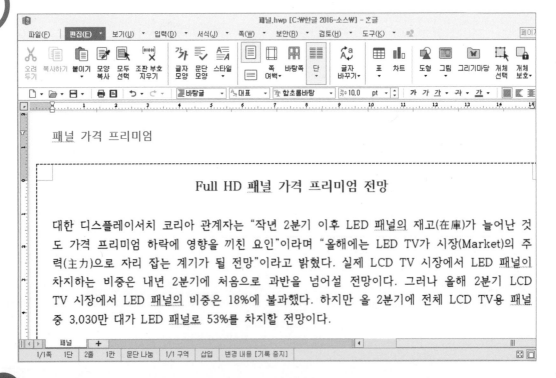

HINT [머리말/꼬리말] 대화 상자에서 종류는 '머리말', 위치는 '양 쪽'을 선택합니다.

③ 다음의 내용을 입력한 후 일점쇄선의 쪽 테두리를 지정하고, '기록부.hwp'로 저장해 보세요.

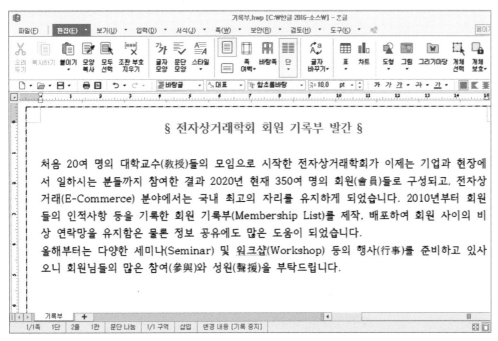

④ 문서 하단에 주어진 꼬리말(HY동녘M, 9pt, 파랑, 가운데 정렬)을 삽입해 보세요.

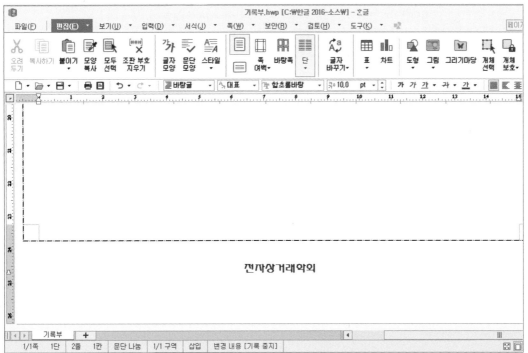

HINT [머리말/꼬리말] 대화 상자에서 종류는 '꼬리말', 위치는 '양 쪽'을 선택합니다.

쪽 번호 삽입하기

한·글·2·0·1·6

쪽 번호는 복잡한 절차 없이 문서에 순차 번호를 자동으로 매겨 주는 기능으로 여기에서는 쪽 번호를 삽입하는 방법과 원하는 쪽 번호로 시작하는 방법에 대해 살펴봅니다.

1 쪽 번호 매기기

1. 주어진 문서 내용을 입력하여 'C:₩한글 2016-소스'에 '전시회.hwp'로 저장한 후 실선의 쪽 테두리를 지정하고, [쪽] 탭에서 쪽 번호 매기기( ) 아이콘을 클릭합니다.

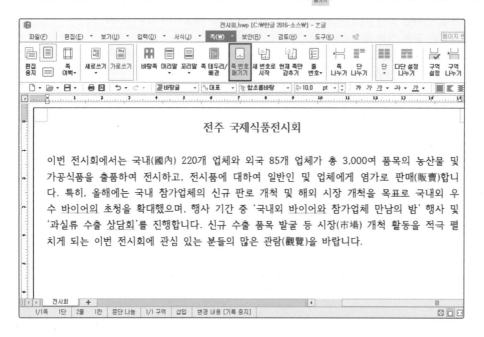

2. [쪽 번호 매기기] 대화 상자에서 번호 위치는 '가운데', 번호 모양은 '로마 대문자'를 각각 선택하고, [넣기] 단추를 클릭합니다.

> **tip**
> **줄표 넣기**
> 쪽 번호 양쪽에 줄표(예 : - 1 -)를 넣는 것으로 줄표 넣기를 해제하면 번호만 나타납니다.

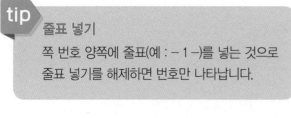

문서 하단 중앙에 삽입
↓
- I -

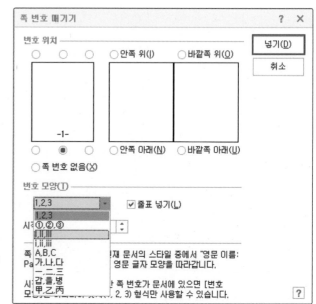

2 새로운 쪽 번호 삽입하기

1. 쪽 번호를 원하는 번호로 시작하기 위하여 [쪽] 탭의 펼침(▾) 단추를 클릭하고, [새 번호로 시작]을 선택하거나 [쪽] 탭에서 새 번호로 시작(🔳) 아이콘을 클릭합니다.

2. [새 번호로 시작] 대화 상자에서 번호 종류는 '쪽 번호', 시작 번호는 '3'을 각각 지정한 후 [넣기] 단추를 클릭합니다.

3. 그 결과 문서 중앙 하단의 시작 쪽 번호가 '3(Ⅲ)'으로 변경된 것을 확인할 수 있습니다.

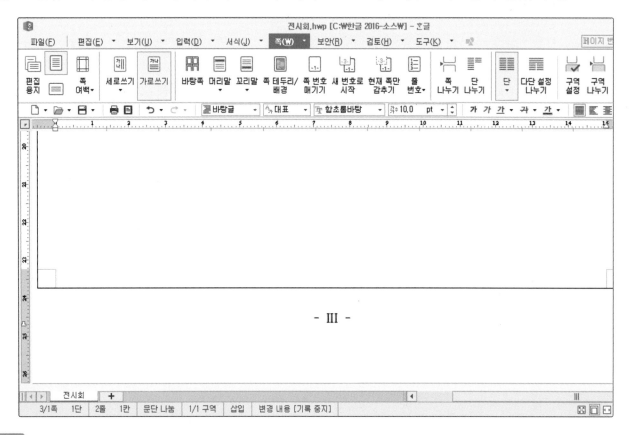

tip 쪽 번호 삭제
- [보기] 탭의 펼침(▾) 단추를 클릭하고, [표시/숨기기]-[조판 부호]를 선택합니다.
- 화면에 조판 부호가 나타나면 삭제하려는 내용 앞에서 Delete 키를 누르고, [지우기] 대화 상자가 나타나면 [지움] 단추를 클릭합니다.

혼자 풀어보기

① 다음의 내용을 입력한 후 이점쇄선의 쪽 테두리를 지정하고, '브랜드.hwp'로 저장해 보세요.

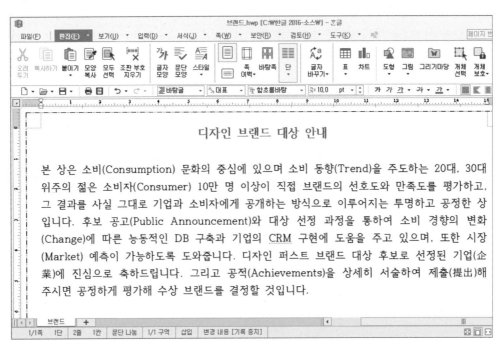

② 문서 하단 중앙에 줄표를 제외한 영문 대문자의 쪽 번호를 삽입해 보세요.

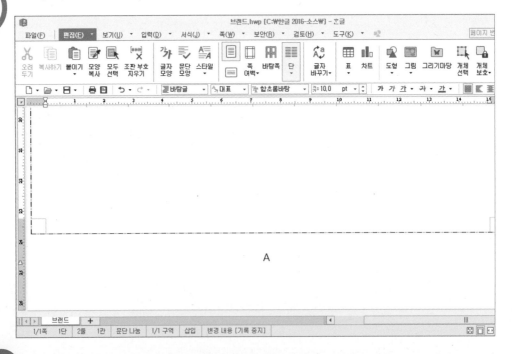

HINT

[쪽 번호 매기기] 대화 상자에서 번호 위치는 '가운데 하단', 번호 모양은 '영문 대문자', 줄표 넣기 해제를 각각 선택합니다.

③ 다음의 내용을 입력한 후 얇고 굵은 이중선의 쪽 테두리를 지정하고, '플래시.hwp'로 저장해 보세요.

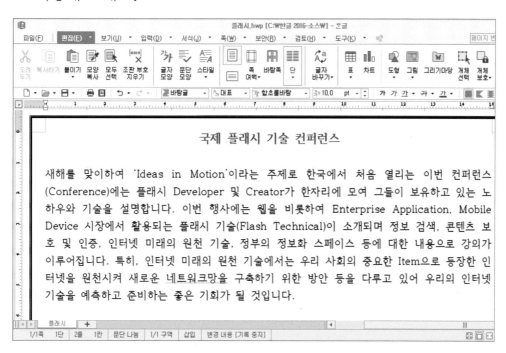

④ 문서 왼쪽 하단에 줄표를 포함한 원문자의 쪽 번호를 삽입하되 '5'로 시작해 보세요.

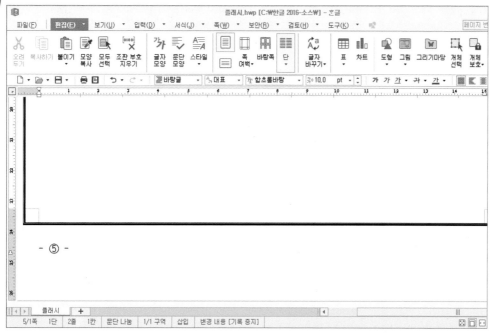

HINT

[쪽 번호 매기기] 대화 상자에서 번호 위치는 '왼쪽 하단', 번호 모양은 '원문자', 줄표 넣기 선택, 시작 번호는 '5'를 각각 지정합니다.

각주와 덧말 삽입하기

본문 내용에 보충 자료를 구체적으로 제시하거나 인용한 자료의 출처 등을 밝히는 경우 각주를 사용하고, 특정 단어에 간단한 추가 사항을 삽입할 때 덧말을 사용합니다. 여기에서는 각주와 덧말을 삽입하는 방법에 대해 살펴봅니다.

1 각주 삽입하기

1. 주어진 문서 내용을 입력하여 'C:₩한글 2016-소스'에 '물류.hwp'로 저장한 후 각주를 삽입할 글자 뒤에 커서를 위치시키고, [입력] 탭에서 각주( ) 아이콘을 클릭합니다.

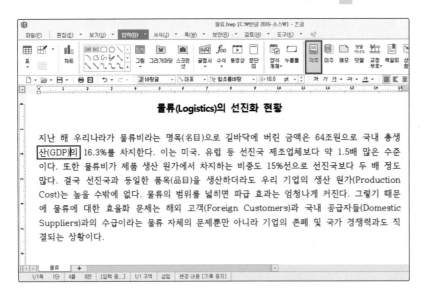

2. 본문 하단에 각주 입력란이 나타나면 주어진 내용을 입력한 후 서식 도구 상자에서 글꼴은 '돋움체', 글자 크기는 '9pt', 속성은 '진하게', 글자 색은 '빨강'을 각각 지정합니다.

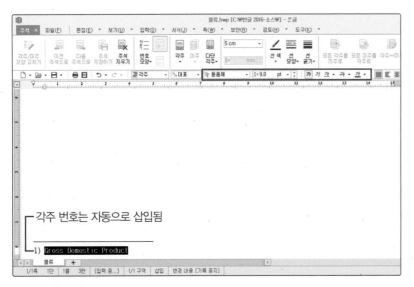

3. 각주의 번호 모양을 변경하기 위하여 [주석] 탭에서 번호 모양( ) 아이콘을 클릭하고, [①, ②,③]을 선택합니다.

tip
각주의 선 색, 선 모양, 선 굵기

[주석] 탭에서 선 색( ) 아이콘, 선 모양( ) 아이콘, 선 굵기( ) 아이콘을 각각 클릭하면 각주의 선 색, 선 모양, 선 굵기를 변경할 수 있습니다.

4. 각주 화면을 종료하기 위하여 [주석] 탭에서 닫기( ) 아이콘을 클릭합니다.

1. 덧말을 삽입할 부분을 블록 지정한 후 [입력] 탭의 펼침(▾) 단추를 클릭하고, [덧말 넣기]를 선택합니다.

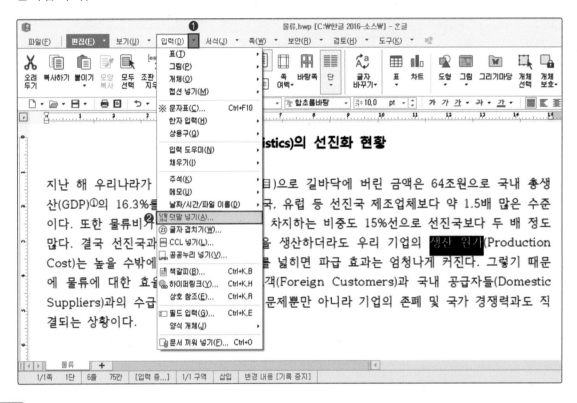

2. [덧말 넣기] 대화 상자에서 '덧말'에 주어진 내용을 입력한 후 덧말 위치를 '위'로 선택하고, [넣기] 단추를 클릭합니다.

3. 두 번째 덧말을 삽입할 부분을 블록 지정한 후 [입력] 탭에서 덧말(덧말가나다/덧말) 아이콘을 클릭하고, [덧말 넣기] 대화 상자에서 '덧말'과 '덧말 위치(아래)'를 지정한 다음 [넣기] 단추를 클릭합니다.

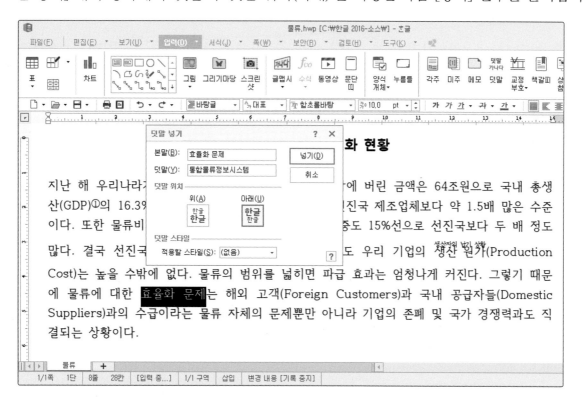

4. 그 결과 해당 부분 위쪽과 아래쪽에 덧말이 각각 삽입된 것을 확인할 수 있습니다.

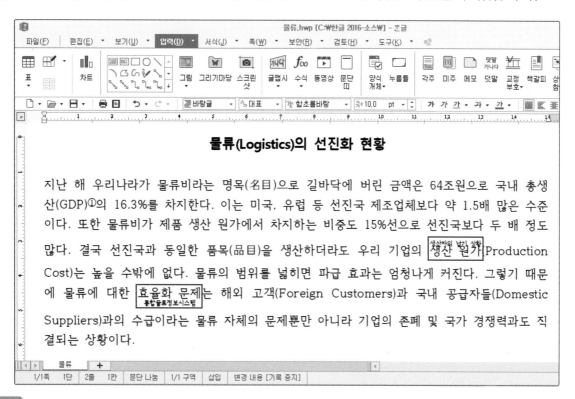

---

tip

덧말 편집

삽입한 덧말을 수정하거나 삭제할 경우 해당 내용(문자) 앞에서 마우스를 더블 클릭한 후 [덧말 편집] 대화 상자가 나타나면 덧말과 덧말 위치를 변경할 수 있으며, [덧말 지움] 단추를 클릭하면 덧말을 삭제할 수도 있습니다.

혼자 풀어보기

1 다음의 내용을 입력한 후 '사업 모델'에 각주를 삽입하고, '디지털.hwp'로 저장해 보세요.

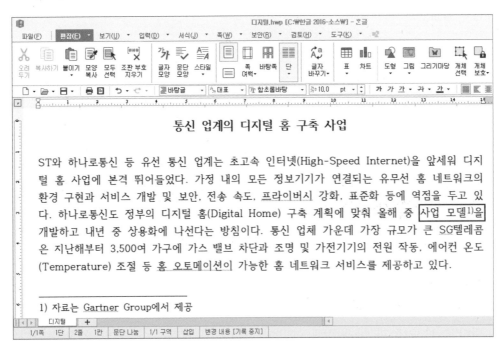

2 각주의 번호 모양을 영문 대문자로 변경해 보세요.

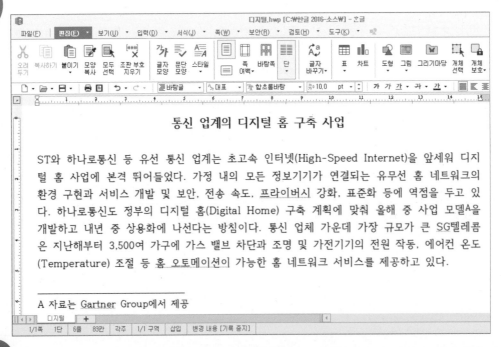

HINT [주석] 탭에서 [번호 모양] 아이콘을 클릭하고, [A,B,C]를 선택합니다.

③ 다음의 내용을 입력한 후 '국제 가격'에 덧말(International Price)을 아래쪽에 삽입하고, 'FTA.hwp'로 저장해 보세요.

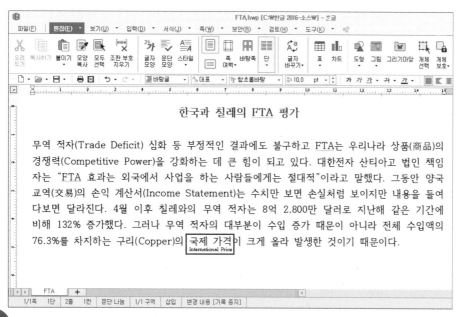

[덧말 넣기] 대화 상자에서 '덧말'에 주어진 내용을 입력한 후 덧말 위치를 '아래'로 선택합니다.

④ 문서 내용 중 '결과'에 각주를 삽입하고, 각주의 선 색은 파랑, 선 모양은 이중 실선, 선 굵기는 0.5mm로 변경해 보세요.

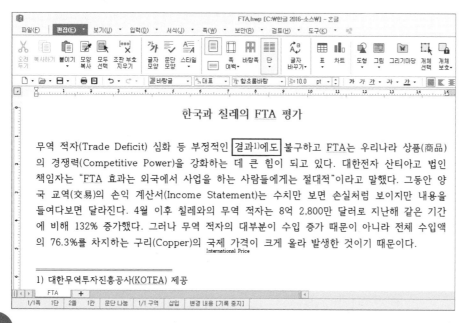

[주석] 탭에서 [선 색], [선 모양], [선 굵기] 아이콘을 클릭하고 주어진 색, 모양, 굵기를 각각 선택합니다.

책갈피와 하이퍼링크 지정하기

한·글·2·0·1·6

책갈피는 커서 위치에 상관없이 표시한 곳으로 커서를 곧바로 이동시키는 기능이고, 하이퍼링크는 문서의 특정 위치를 연결하여 쉽게 참조할 수 있는 기능입니다. 여기에서는 책갈피를 지정한 후 하이퍼링크로 설정한 책갈피 내용을 연결하는 방법에 대해 살펴봅니다.

1 책갈피 지정하기

1. 주어진 문서 내용을 입력하여 'C:\한글 2016-소스'에 '환경.hwp'로 저장한 후 '환경부에서는' 앞에 커서를 위치시키고, [입력] 탭에서 책갈피() 아이콘을 클릭합니다.

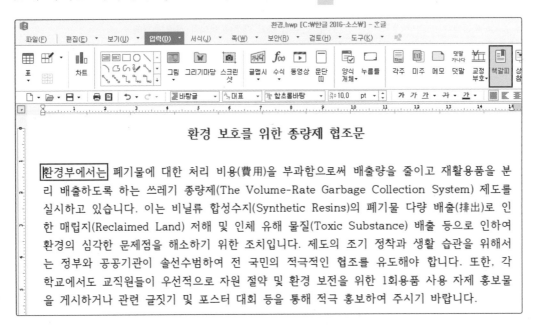

2. [책갈피] 대화 상자에서 책갈피 이름에 "환경"을 입력하고, [넣기] 단추를 클릭합니다.

tip

책갈피 확인

[보기] 탭의 펼침(▾) 단추를 클릭하고, [표시/숨기기] – [조판 부호]를 선택하면 책갈피가 지정된 위치를 확인할 수 있습니다(책갈피를 지정하면 화면상에 아무런 변화가 없음).

조판 부호를 통해 책갈피 확인

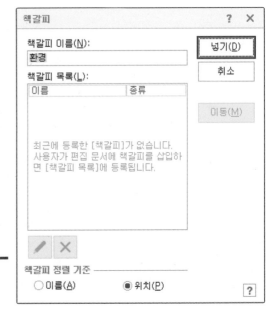

1. 하이퍼링크를 설정할 '1회용품'을 블록 지정한 후 [입력] 탭의 펼침(▼) 단추를 클릭하고, [하이 퍼링크]를 선택하거나 [입력] 탭에서 하이퍼링크(🌐) 아이콘을 클릭합니다.

2. [하이퍼링크] 대화 상자에서 책갈피로 지정한 '환경'을 선택하고, [넣기] 단추를 클릭합니다.

3. 하이퍼링크가 설정되면 해당 부분에 파란색의 밑줄이 그어지며, 여기에 마우스를 갖다 놓으면 마우스 포인터가 손 모양으로 변경됩니다.

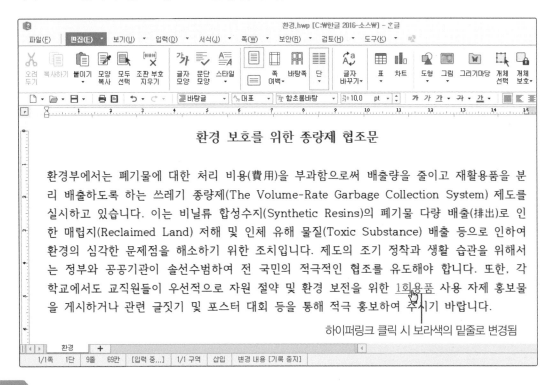

tip **하이퍼링크 확인** : 하이퍼링크가 설정된 '1회용품'을 클릭하면 책갈피가 지정된 '환경부에서는' 앞으로 커서 가 이동되는 것을 확인할 수 있습니다.

혼자 풀어보기

① 다음의 내용을 입력한 후 '새해를' 앞에 '디자인'이라는 책갈피를 지정하고, '리빙.hwp'로 저장해 보세요.

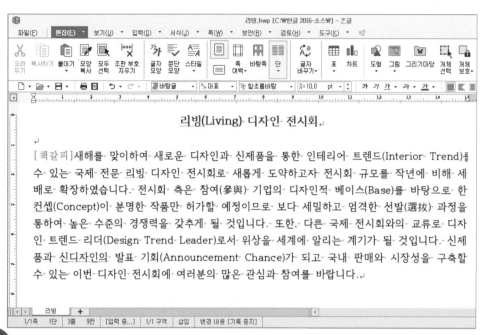

HINT '새해를' 앞에 커서를 위치시킨 후 [책갈피] 대화 상자에서 책갈피 이름에 "디자인"을 입력합니다.

② 본문 내용 중 '디자인 전시회'에 하이퍼링크를 설정해 보세요.

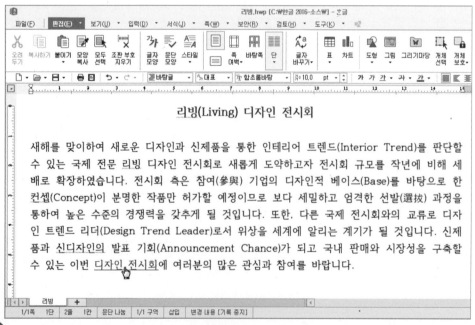

HINT 해당 내용을 블록 지정한 후 [하이퍼링크] 대화 상자에서 책갈피로 지정한 '디자인'을 선택합니다.

③ 다음의 내용을 입력한 후 '청소년들의' 앞에 '과거사'라는 책갈피를 지정하고, '역사.hwp'로 저장해 보세요.

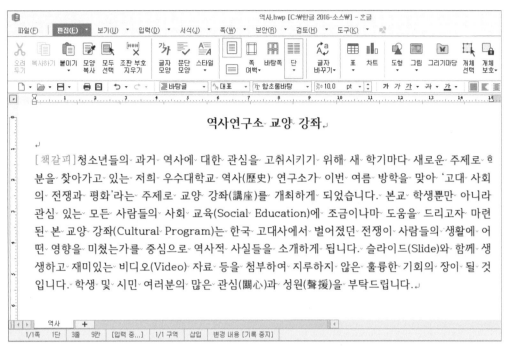

④ 본문 내용 중 '역사적 사실'에 하이퍼링크를 설정한 후 해당 내용을 클릭하여 책갈피의 지정 위치를 확인해 보세요.

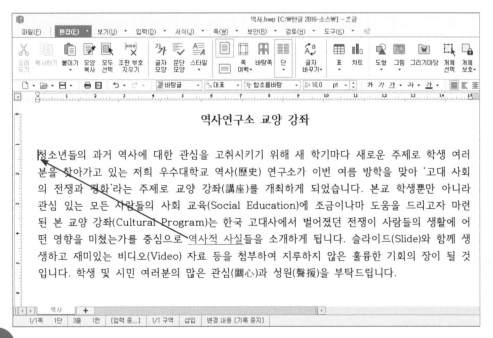

HINT 하이퍼링크를 설정한 '역사적 사실'을 클릭하면 책갈피가 지정된 곳으로 커서가 이동합니다.

SECTION 14 찾기 및 바꾸기

작성한 문서 내용 중에서 특정 단어를 찾거나 잘못된 단어를 검색하여 바꾸기 할 필요가 있습니다. 여기에서는 찾기와 찾아 바꾸기를 통해 원하는 단어를 찾고, 올바른 문서 내용으로 수정하는 방법에 대해 살펴봅니다.

1 찾기

1. 주어진 문서 내용을 입력하여 'C:₩한글 2016-소스'에 '훈련생.hwp'로 저장한 후 특정 단어를 찾기 위해 [편집] 탭에서 찾기( ) 아이콘을 클릭합니다.

> **tip**
> [편집] 탭에서 찾기( ) 아이콘을 클릭하고, [찾기]를 선택해도 됩니다.

2. [찾기] 대화 상자에서 찾을 내용에 "훈련생"을 입력하고, 찾을 방향은 '문서 전체'를 선택한 후 [모두 찾기] 단추를 클릭합니다.

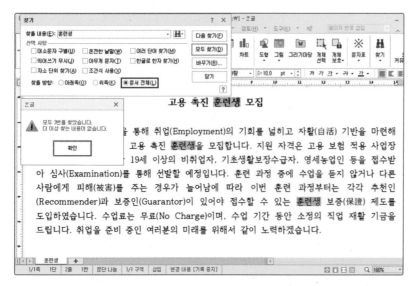

1. 특정 단어를 찾아 바꾸기 위하여 [편집] 탭의 펼침(▼) 단추를 클릭하고, [찾기]-[찾아 바꾸기]를 선택합니다.

2. [찾아 바꾸기] 대화 상자에서 찾을 내용에 "수업", 바꿀 내용에 "강의"를 입력하고, 찾을 방향은 '문서 전체'를 선택한 후 [모두 바꾸기] 단추를 클릭합니다.

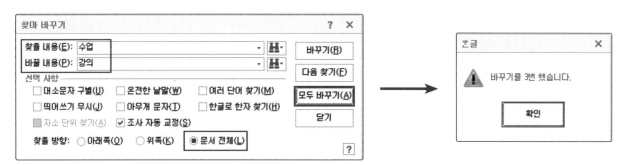

> **tip** 찾을 방향
> • 아래쪽/위쪽 : 현재 커서가 위치한 곳을 중심으로 아래쪽/위쪽으로 찾습니다.
> • 문서 전체 : 현재 커서 위치에 상관없이 문서 전체에서 찾습니다.

3. 그 결과 '수업' 단어가 '강의' 단어로 바뀐 것을 확인할 수 있습니다.

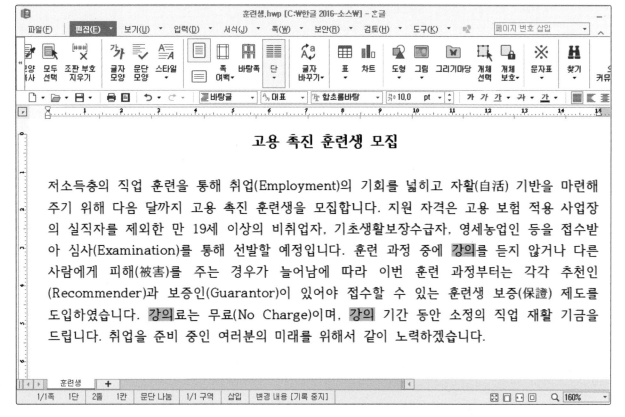

혼자 풀어보기

① 다음의 내용을 입력한 후 '화훼' 단어가 몇 개인지 찾아보고, '박람회.hwp'로 저장해 보세요.

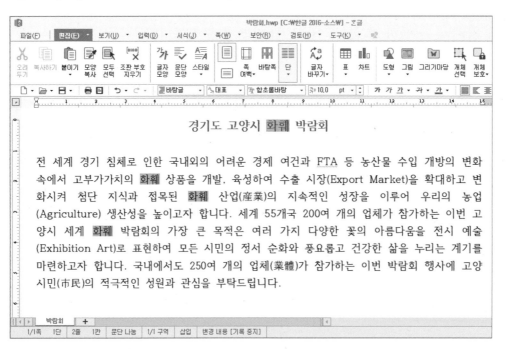

② 본문 내용 중에서 '박람회'란 단어를 '전시회'로 한번에 찾아 바꾸기 해 보세요.

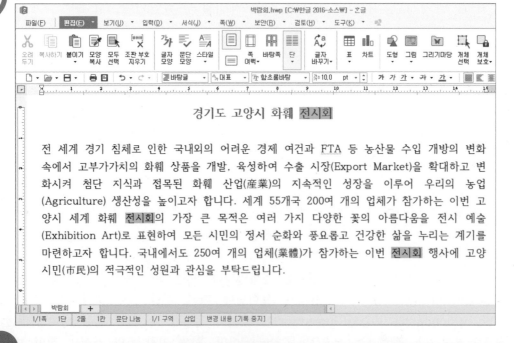

> **HINT**
> [찾아 바꾸기] 대화 상자에서 찾을 내용에 "박람회", 바꿀 내용에 "전시회"를 입력하고, 찾을 방향은 '문서 전체'를 선택한 후 [모두 바꾸기] 단추를 클릭합니다.

③ 다음의 내용을 입력한 후 '아시아' 단어가 몇 개인지 찾아보고, '행사.hwp'로 저장해 보세요.

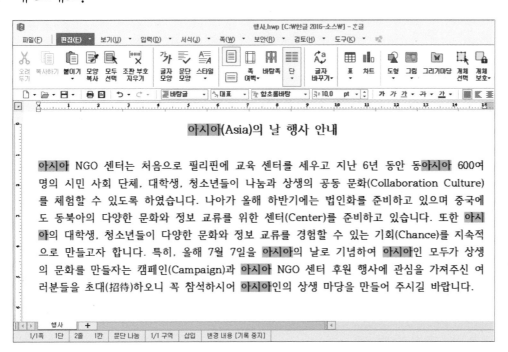

④ 본문 내용 중에서 '상생'이란 단어를 '사랑'으로 하나씩 확인하면서 찾아 바꾸기 해 보세요.

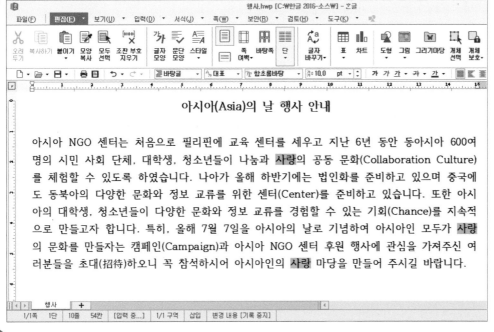

[찾아 바꾸기] 대화 상자에서 찾을 내용에 "상생", 바꿀 내용에 "사랑"을 입력하고, 찾을 방향은 '문서 전체'를 선택한 후 [바꾸기] 단추를 클릭하면서 하나씩 바꾸기 합니다.

글상자 삽입과 편집하기

한·글·2·0·1·6

글상자는 단의 경계에 상관없이 커다란 제목을 넣거나 박스형 요약 글을 본문 중간에 삽입하는 기능으로 여기에서는 글상자를 삽입하고, 편집하는 방법에 대해 살펴봅니다.

1 글상자 삽입하기

1. 주어진 문서 내용을 입력하여 'C:\한글 2016-소스'에 '무역.hwp'로 저장한 후 글상자를 삽입하기 위하여 [입력] 탭의 펼침(▼) 단추를 클릭하고, [개체]-[글상자]를 선택합니다.

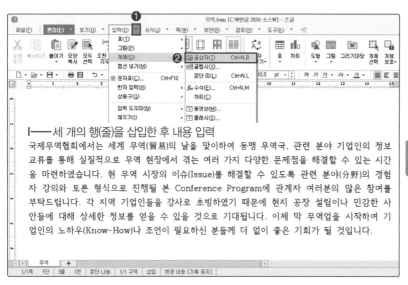

> **tip**
>
> **글상자**
> [입력] 탭에서 자세히(▼) 단추를 클릭하고, 가로 글상자(▤) 아이콘을 클릭해도 됩니다.

2. 마우스 포인터가 '+' 모양으로 변경되면 화면 상단 중앙에 적당한 크기로 드래그하여 삽입한 후 글상자에서 마우스 오른쪽 버튼을 클릭하고, [개체 속성]을 선택합니다.

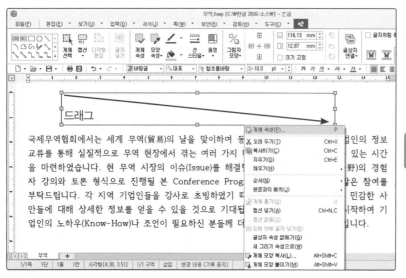

> **tip**
>
> **개체 속성**
> 글상자가 선택된 상태에서 P 키를 누르거나 해당 글상자를 더블 클릭해도 됩니다.

3. [개체 속성] 대화 상자의 [기본] 탭에서 크기(너비, 높이)와 위치(본문과의 배치, 가로, 세로)를 다음과 같이 각각 지정합니다.

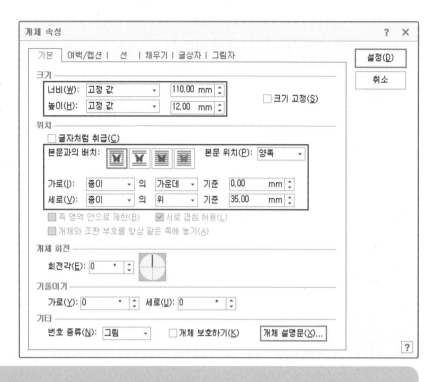

tip

본문과의 배치

- 어울림 : 개체와 본문이 같은 줄을 쓰되, 서로 자리를 침범하지 않고 본문이 개체에 어울리도록 합니다.
- 자리 차지 : 개체가 개체의 높이만큼 줄을 차지하므로 개체가 차지하는 영역에 본문이 올 수 없습니다.
- 글 앞으로 : 개체가 없는 것처럼 본문이 채워지고, 개체는 본문 위에 배치합니다.
- 글 뒤로 : 개체가 없는 것처럼 본문이 채워지고, 개체는 본문의 배경처럼 사용됩니다.

4. [선] 탭에서 색은 '파랑', 종류는 '이중 실선', 굵기는 '1mm'를, [채우기] 탭에서 면 색은 '노랑'을 각각 지정하고, [설정] 단추를 클릭합니다.

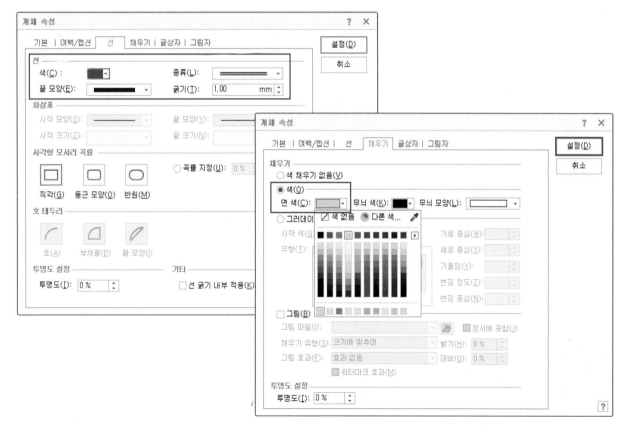

1. 글상자 안에서 마우스를 클릭하여 커서를 위치시킨 후 주어진 내용을 입력합니다.

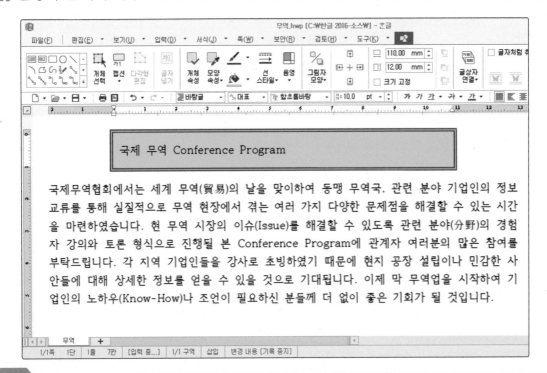

tip

글상자에 텍스트 입력

글상자가 선택된 상태에서는 커서를 이동할 수 없으므로 임의의 위치를 클릭하여 선택을 해제한 후 글상자 안에서 마우스를 클릭합니다.

2. 입력한 내용을 블록 지정한 후 서식 도구 상자에서 글꼴은 '맑은 고딕', 글자 크기는 '14pt', 글자 색은 '파랑', 정렬 방식은 '가운데 정렬'을 각각 지정합니다.

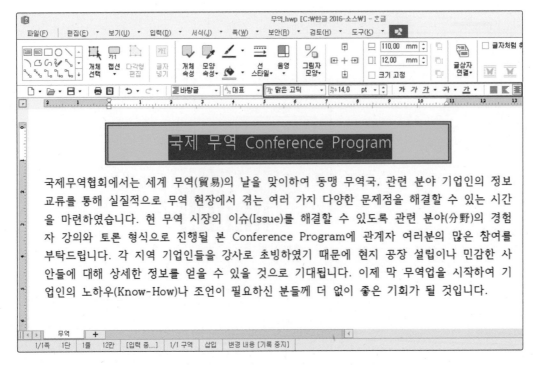

3. 다시 글상자를 선택한 후 [도형] 탭에서 그림자 모양( ) 아이콘을 클릭하고, '오른쪽 아래'를 선택합니다.

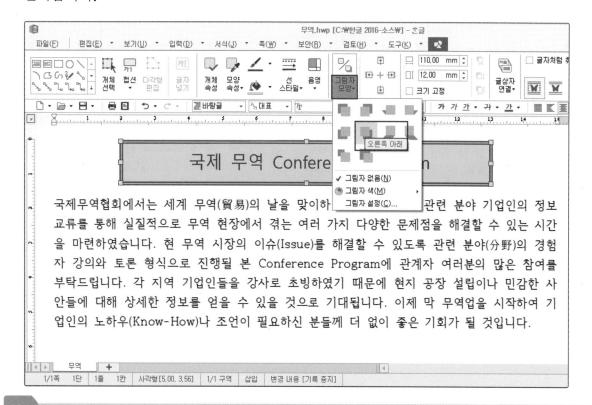

4. 마지막으로 [도형] 탭에서 그림자 오른쪽으로 이동( ) 아이콘을 클릭하여 그림자를 조정합니다.

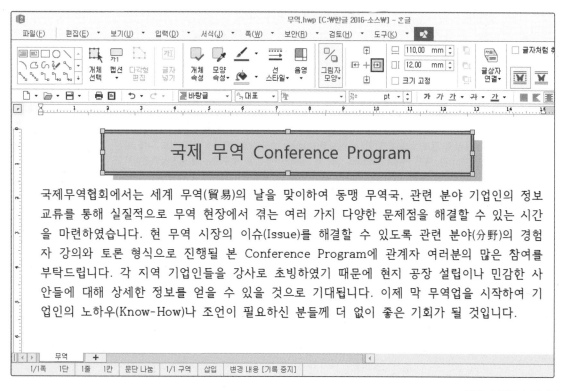

혼자 풀어보기

1 다음의 내용을 입력한 후 적당한 크기의 글상자를 삽입하고, '공모전.hwp'로 저장해 보세요.

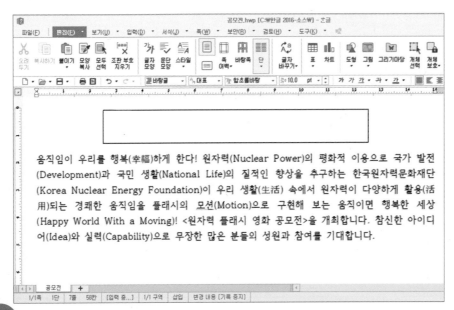

HINT

[개체 속성] 대화 상자의 [기본] 탭에서 너비는 '100', 높이는 '12', 본문과의 배치는 '어울림'으로 각각 지정합니다.

2 글상자의 선(종류-파선, 굵기-0.5mm)과 채우기(면 색-주황)를 지정한 후 임의의 글꼴 서식으로 제목을 입력해 보세요.

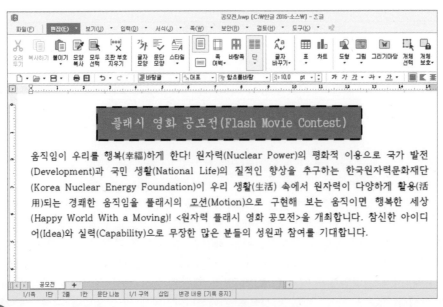

HINT

[개체 속성] 대화 상자의 [선] 탭과 [채우기] 탭에서 각각 지정한 후 글상자 안을 클릭하여 제목을 입력합니다.

③ 다음의 내용을 입력한 후 적당한 크기의 글상자를 삽입하고, '댄스.hwp'로 저장해 보세요.

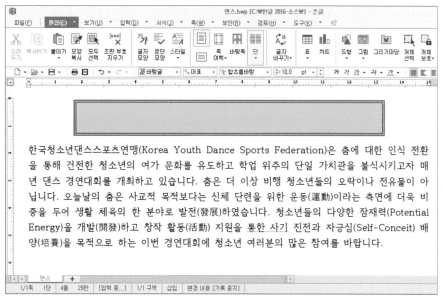

HINT

[개체 속성] 대화 상자의 [기본] 탭에서 너비는 '115', 높이는 '12', 본문과의 배치는 '어울림', [선] 탭에서 색은 '빨강', 종류는 '이중 실선', 굵기는 '1mm', [채우기] 탭에서 면 색은 '노랑'을 각각 지정합니다.

④ 글상자에 주어진 제목(임의의 글꼴 서식)을 입력한 후 그림자를 '오른쪽 위'로 지정해 보세요.

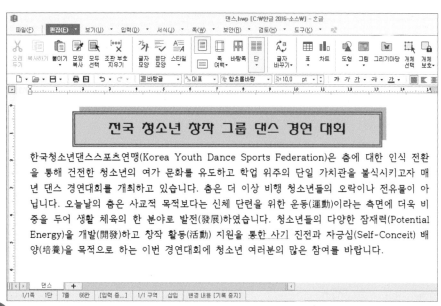

HINT

임의의 글꼴 서식으로 제목을 입력한 후 글상자를 선택하고, [도형] 탭에서 [그림자 모양] 아이콘을 클릭한 다음 '오른쪽 위'를 선택합니다.

글맵시 삽입과 편집하기

한·글·2·0·1·6

글맵시는 글자를 구부리거나 글자에 외곽선, 면 채우기, 그림자, 회전 등의 다양한 효과를 주어 문자를 꾸미는 기능으로 여기에서는 글맵시를 삽입하고, 편집하는 방법에 대해 살펴봅니다.

1 글맵시 삽입하기

1. 주어진 문서 내용을 입력하여 'C:₩한글 2016-소스'에 '휴일.hwp'로 저장한 후 글맵시를 삽입하기 위하여 문장 끝에 커서를 위치시키고, [입력] 탭에서 글맵시( ) 아이콘을 클릭합니다.

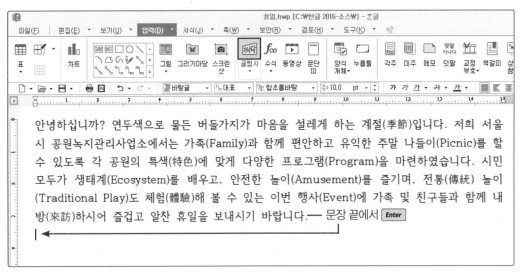

2. [글맵시 만들기] 대화 상자에서 내용 입력란에 주어진 내용을 입력한 후 글꼴은 '맑은 고딕', 글자 간격은 '110', 글맵시 모양( )은 '역갈매기형 수장'을 선택하고, [설정] 단추를 클릭합니다.

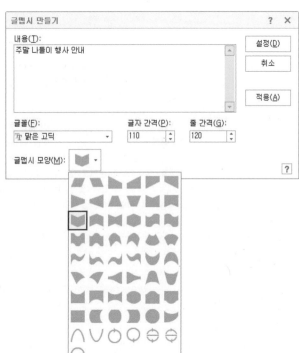

tip **글맵시 모양**

글맵시를 삽입한 후 [글맵시] 탭에서 글맵시 모양( ) 아이콘을 클릭하면 수시로 모양을 변경할 수 있습니다.

2 글맵시 편집하기

1. 글맵시가 선택된 상태에서 글맵시를 더블 클릭하거나 [글맵시] 탭에서 개체 속성( ) 아이콘을 클릭합니다.

2. [개체 속성] 대화 상자의 [기본] 탭에서 크기(너비, 높이)와 위치(글자처럼 취급)를 다음과 같이 지정하고, [설정] 단추를 클릭합니다.

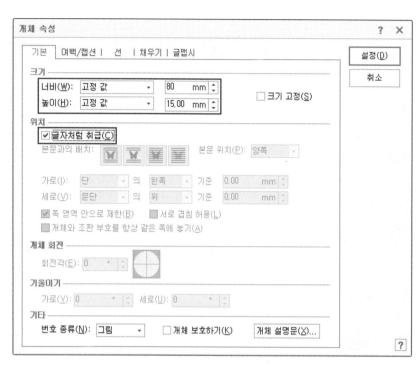

> **tip**
> **글자처럼 취급**
> 개체를 보통 글자와 동일하게 취급하므로 본문 내용을 입력하거나 지우는 대로 개체의 위치가 같이 변경됩니다.

3. 글맵시 끝에 커서를 위치시킨 후 서식 도구 상자에서 가운데 정렬( ) 아이콘을 클릭합니다.

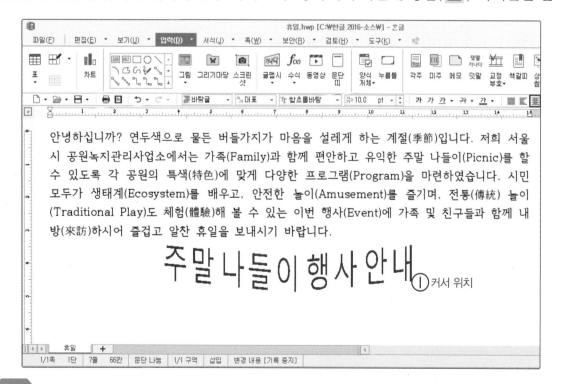

> **tip**
> **글맵시 색**
> 글맵시를 선택한 후 [글맵시] 탭에서 채우기( ) 아이콘을 클릭하고, 원하는 색을 선택합니다.

혼자 풀어보기

①
다음의 내용을 입력한 후 '나비넥타이' 모양의 글맵시를 삽입하고, '음악회.hwp'로 저장해 보세요.

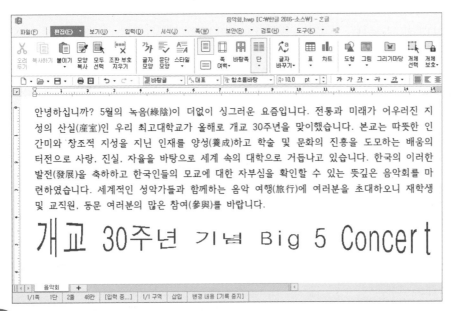

HINT

[글맵시 만들기] 대화 상자에서 내용 입력란에 주어진 내용을 입력한 후 글꼴은 '돋움체', 글자 간격은 '105', 글맵시 모양은 '나비넥타이'를 선택합니다.

②
글맵시의 크기(너비 : 120, 높이 : 15)를 조절한 후 가운데 정렬해 보세요.

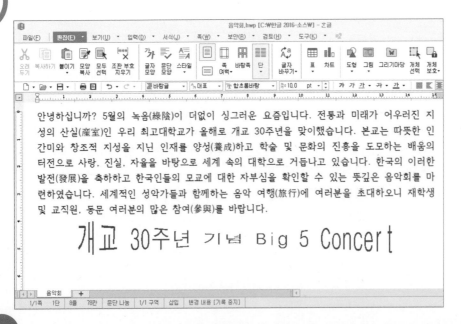

HINT

[개체 속성] 대화 상자의 [기본] 탭에서 크기(너비, 높이)와 위치(글자처럼 취급)를 지정합니다.

3 다음의 내용을 입력한 후 '물결 1' 모양의 글맵시를 삽입하고, '광고.hwp'로 저장해 보세요.

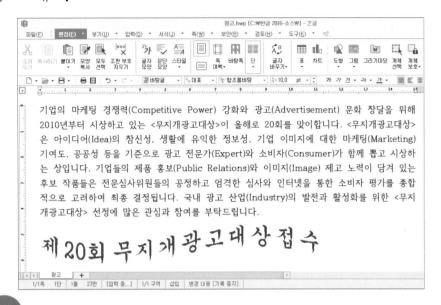

[글맵시 만들기] 대화 상자에서 내용 입력란에 주어진 내용을 입력한 후 글꼴은 '궁서체', 글자 간격은 '110', 글맵시 모양은 '물결 1'을 선택합니다.

4 글맵시의 크기(너비 : 110, 높이 : 14)와 색상(빨간색)을 조절한 후 가운데 정렬해 보세요.

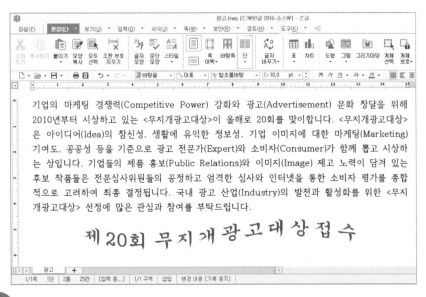

• [개체 속성] 대화 상자의 [기본] 탭에서 크기(너비, 높이)와 위치(글자처럼 취급)를 지정합니다.
• [글맵시] 탭에서 [채우기] 아이콘을 클릭하고, '빨강'을 선택합니다.

표 작성과 편집하기

표는 내용 분류가 필요한 데이터를 일목요연하게 정리할 때 사용하는 기능으로 여기에서는 기본적인 표를 작성한 후 다양한 방법으로 표를 편집하는 방법에 대해 살펴봅니다.

1 표 작성하기

1. 주어진 문서 제목을 입력하여 'C:₩한글 2016-소스'에 '놀이.hwp'로 저장한 후 [입력] 탭의 펼침(▼) 단추를 클릭하고, [표]-[표 만들기]를 선택합니다.

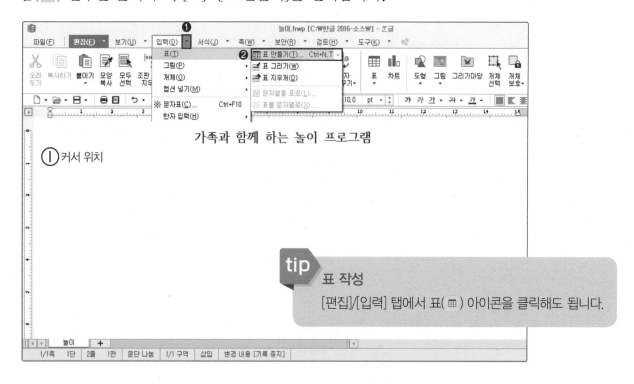

> **tip** 표 작성
>
> [편집]/[입력] 탭에서 표(▦) 아이콘을 클릭해도 됩니다.

2. [표 만들기] 대화 상자에서 줄 수는 "7", 칸 수는 "5"를 입력한 후 '글자처럼 취급'을 선택하고, [만들기] 단추를 클릭합니다.

3. 표가 나타나면 다음과 같이 표 내용을 각각 입력한 후 '비고'의 열 너비를 조절하기 위해 칸 사이의 경계선을 오른쪽으로 드래그하여 적당히 조절합니다.

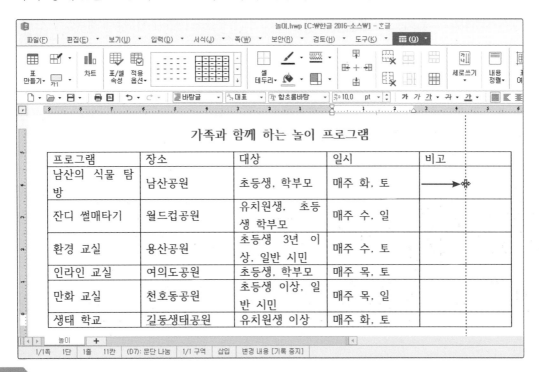

tip **열 너비 :** 열 너비를 조절할 때 각 셀에서 `Alt`+`→` 키나 `Alt`+`←` 키를 이용해도 됩니다.

4. 동일한 방법으로 각각의 열 너비를 조절하기 위해 칸 사이의 경계선을 마우스로 드래그하여 각 칸의 셀 너비를 적당히 조절한 후 첫 번째 열을 블록 지정하고, `Ctrl`+`↓` 키를 한 번만 눌러 행 높이를 조절합니다.

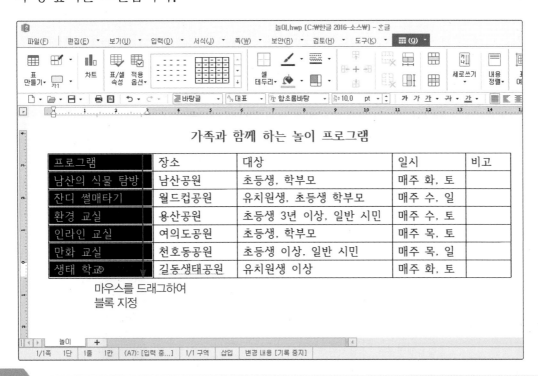

마우스를 드래그하여
블록 지정

tip **블록 지정 방법 :** 행(줄) 전체 선택은 `F5`+`F8` 키를 누르고, 열(칸) 전체 선택은 `F5`+`F7` 키를 누릅니다.

2 표 편집하기

1. 새로운 행을 삽입하기 위하여 5행에 커서를 위치시킨 후 [표] 탭에서 아래에 줄 추가하기(🔲) 아이콘을 클릭합니다.

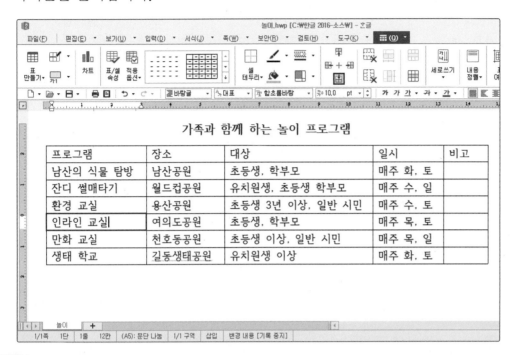

2. 5행 아래에 새로운 행이 삽입되면 주어진 내용을 입력한 후 '비고' 열의 해당 부분을 블록 지정하고, [표] 탭에서 셀 합치기(🔲) 아이콘을 클릭합니다.

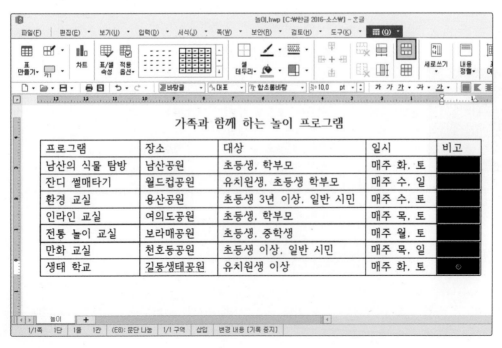

3. 계속해서 셀을 나누기 위하여 [표] 탭에서 셀 나누기(⊞) 아이콘을 클릭한 후 [셀 나누기] 대화 상자에서 '칸 수'를 선택하고, "2"를 지정한 다음 [나누기] 단추를 클릭합니다.

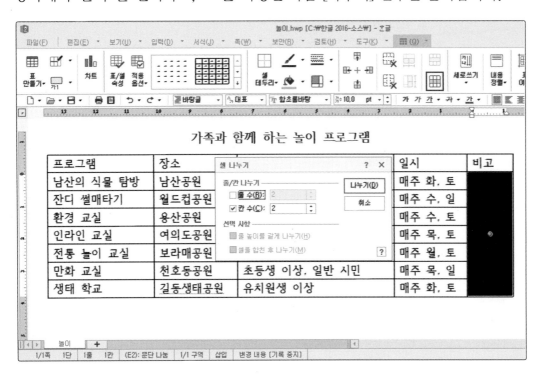

4. 표에서 해당 행/열을 [Ctrl] 키를 이용하여 동시에 블록 지정한 후 [표] 탭에서 내용 정렬(▦) 아이콘을 클릭하고, [셀 정렬]-[셀 가운데 정렬]을 선택합니다.

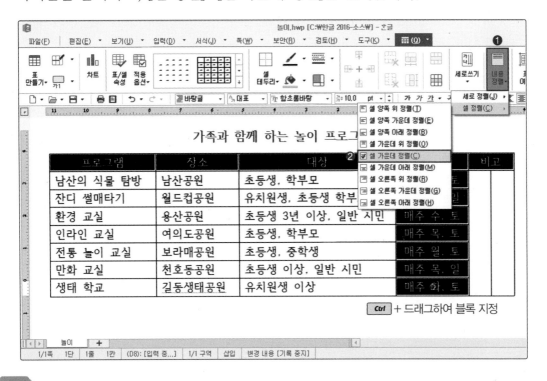

tip
셀 너비/높이 같게
[표] 탭에서 셀 너비를 같게(▥)/셀 높이를 같게(▦) 아이콘을 클릭하면 선택된 셀의 너비/높이를 모두 같게 지정합니다.

혼자 풀어보기

① 다음의 표를 작성한 후 행 높이와 열 너비를 적당히 조절하고, '복지.hwp'로 저장해 보세요.

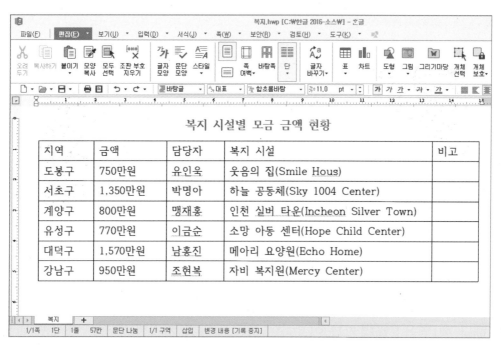

② 6행 아래에 새로운 행을 삽입하여 내용을 입력한 후 '비고' 열을 셀 병합해 보세요.

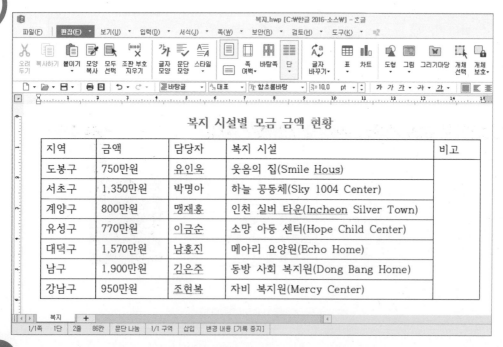

HINT

- 6행에 커서를 위치시킨 후 [아래에 줄 추가하기] 아이콘을 클릭합니다.
- '비고' 열을 블록 지정하고, [셀 합치기] 아이콘을 클릭합니다.

다음의 표를 주어진 형태대로 작성한 후 행 높이와 열 너비를 조절하고, '경기.hwp'로 저장해 보세요.

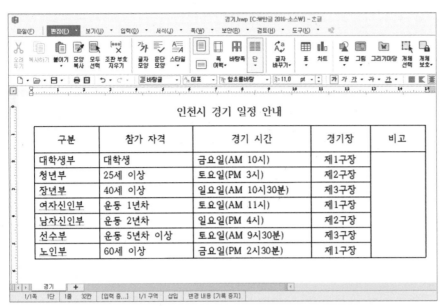

제목 행과 경기장 열은 [내용 정렬] 아이콘을 클릭하고, [셀 정렬] – [셀 가운데 정렬]을 선택합니다.

 표에서 셀 나누기를 이용하여 구분 열에 '종목'을 추가한 후 비고 열의 칸을 나누어 보세요.

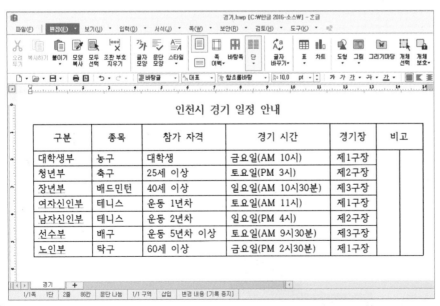

각 열 너비를 조절한 후 구분 열을 블록 지정하고, [표] 탭에서 [셀 나누기] 아이콘을 클릭하여 '칸 수'를 '2'로 지정한 다음 [나누기] 단추를 클릭합니다.

SECTION 18 차트 작성과 편집하기

차트는 주어진 표의 수치 데이터를 막대, 선, 타원 등을 이용하여 시각적으로 표현하는 기능으로 여기에서는 원하는 차트를 작성한 후 다양하게 편집하는 방법에 대해 살펴봅니다.

1 차트 작성하기

1. 주어진 표를 작성하여 'C:₩한글 2016−소스'에 'TV.hwp'로 저장한 후 해당 부분을 블록 지정하고, [표] 탭에서 계산식( ) 아이콘을 클릭한 다음 [블록 계산식]−[블록 합계]를 선택합니다.

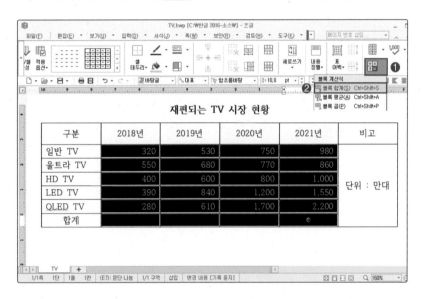

2. 표에서 차트로 작성할 내용을 블록 지정한 후 [입력] 탭의 펼침( ) 단추를 클릭하고, [개체]−[차트]를 선택합니다.

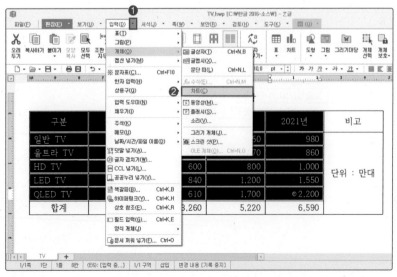

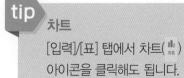

tip

차트

[입력]/[표] 탭에서 차트( ) 아이콘을 클릭해도 됩니다.

3. 차트가 삽입되면 해당 차트를 더블 클릭한 후 마우스 오른쪽 버튼을 클릭하고, [차트 마법사]를 선택합니다.

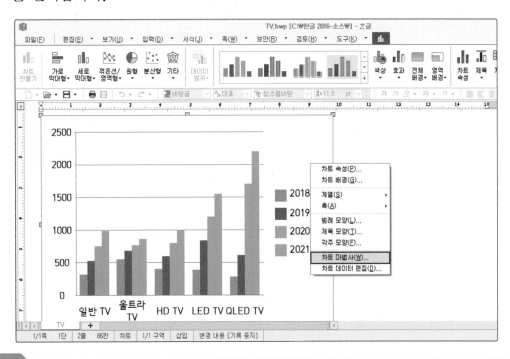

tip

차트의 바로 가기 메뉴

차트를 반드시 더블 클릭한 후 마우스 오른쪽 버튼을 클릭합니다. 이때, 차트를 한 번 클릭한 후 마우스 오른쪽 버튼을 클릭하면 메뉴가 다르게 나타납니다.

4. [차트 마법사] 대화 상자의 [표준 종류] 탭에서는 차트 종류와 차트 모양을, [방향 설정] 탭에서는 방향(행)을 각각 선택하고, [다음] 단추를 클릭합니다.

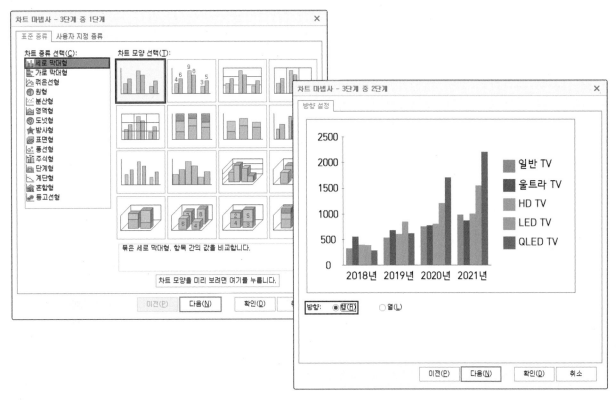

5. [차트 마법사] 대화 상자의 [제목] 탭에서 차트 제목은 "TV 시장 현황", X(항목) 축은 "년도", Y(값) 축은 "단위"를 각각 입력합니다.

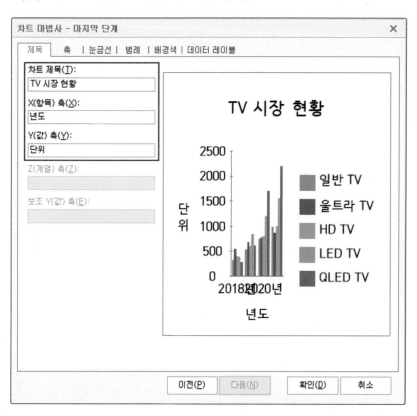

tip
보조 Y(값) 축
3차원 차트에서 오른쪽의 Y축 이름을 입력하는 것으로 3차원 차트를 선택했을 때만 나타납니다.

6. 계속해서 [눈금선] 탭에서 눈금선 지정을 'Y축 주 눈금선'으로, [데이터 레이블] 탭에서 '값'을 각각 선택하고, [확인] 단추를 클릭합니다.

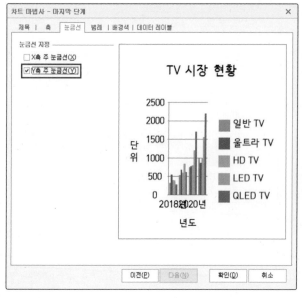
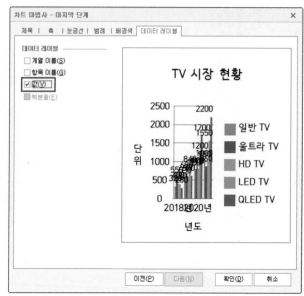

7. 차트 마법사에서 설정한 세로 막대형 차트가 나타나면 [차트] 탭에서 '글자처럼 취급'을 선택합니다.

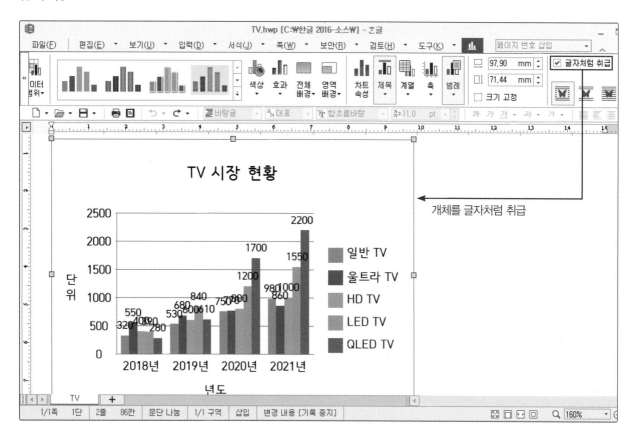

8. 차트가 표 아래로 자동으로 이동되면 차트의 크기 조절 핸들을 이용하여 가로/세로 크기를 적당히 조절합니다.

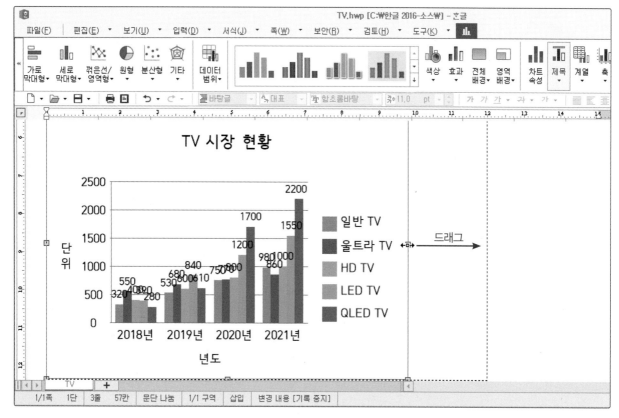

1. 차트를 선택한 후 [차트] 탭에서 색상( ) 아이콘을 클릭하고, '초록색/붉은색 혼합 색조(나비)'를 선택합니다.

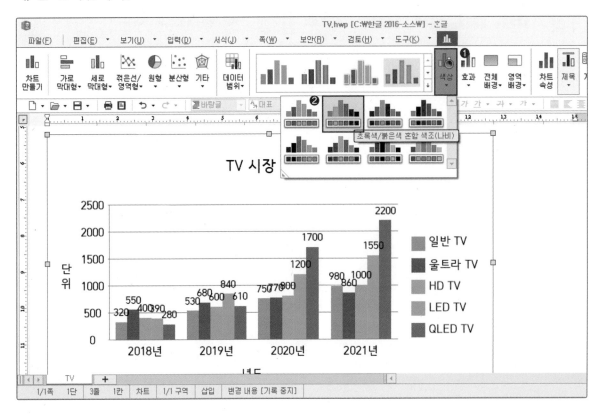

2. 이번에는 효과( ) 아이콘을 클릭하고, '효과-아래쪽/오른쪽 그림자'를 선택합니다.

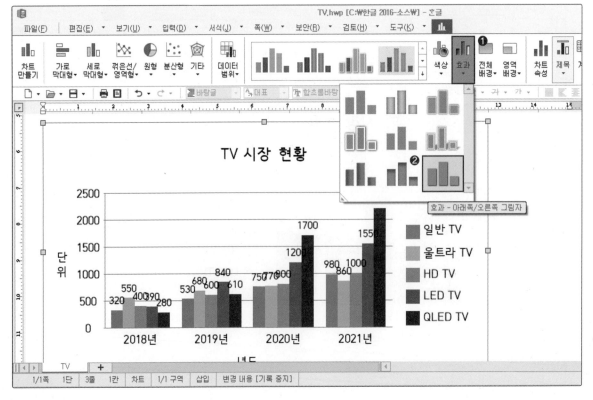

3. 계속해서 전체 배경( ) 아이콘을 클릭하고, '배경-연노란색'을 선택합니다.

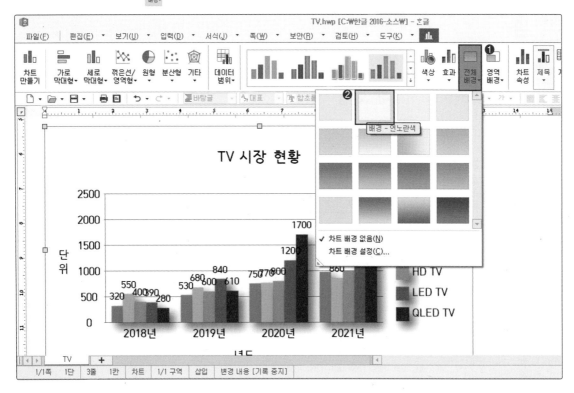

tip

영역 배경

[차트] 탭에서 영역 배경( ) 아이콘을 클릭하면 차트의 배경(그림 영역)에 색상을 적용할 수 있습니다.

4. 마지막으로 [차트] 탭에서 범례( ) 아이콘을 클릭하고, [위쪽 표시]를 선택하면 범례가 차트 위쪽으로 이동됩니다.

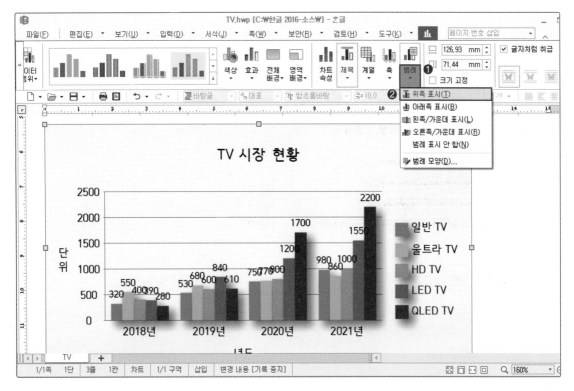

혼자 풀어보기

1 다음의 표를 작성한 후 수치 데이터를 이용하여 묶은 가로 막대형 차트를 작성하고, '실적.hwp'로 저장해 보세요.

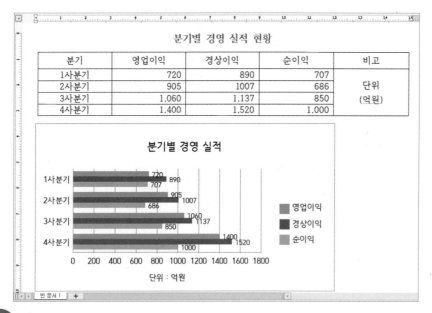

HINT [차트 마법사] 대화 상자에서 방향은 '열', 눈금선은 'Y축 주 눈금선', 데이터 레이블은 '값'을 각각 지정합니다.

2 차트에서 주어진 색상(붉은색조)과 효과(테두리 – 흰색, 효과 – 위쪽/오른쪽 그림자)를 지정해 보세요.

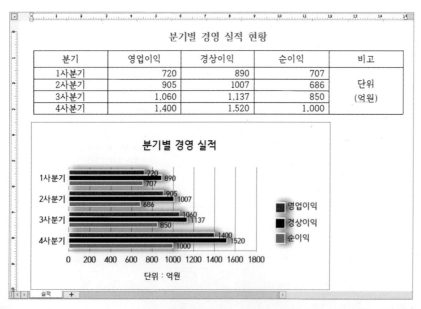

HINT [차트] 탭에서 [색상] 아이콘과 [효과] 아이콘을 클릭하여 선택합니다.

③ 다음의 표를 작성한 후 수치 데이터를 이용하여 꺾은선형 차트를 작성하고, '우량.hwp'로 저장해 보세요.

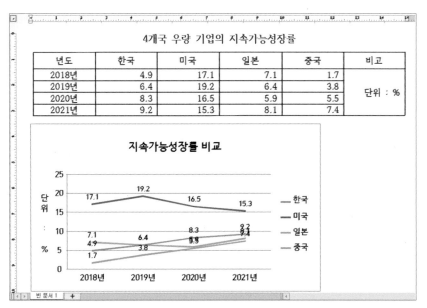

HINT [차트 마법사] 대화 상자에서 방향은 '열', 눈금선은 'Y축 주 눈금선', 데이터 레이블은 '값'을 각각 지정합니다.

④ 차트에서 전체 배경색과 범례의 위치를 변경해 보세요.

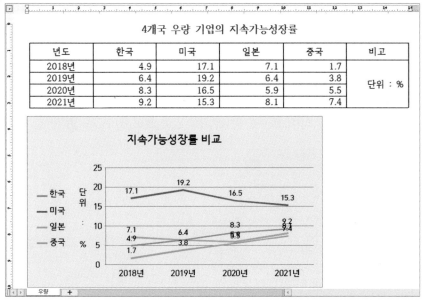

HINT
• [차트] 탭에서 [전체 배경] 아이콘을 클릭하고, '배경 – 연두색'을 선택합니다.
• [차트] 탭에서 [범례] 아이콘을 클릭하고, '왼쪽/가운데 표시'를 선택합니다.

SECTION 19

그리기 개체 삽입과 편집하기

그리기 개체는 도형 등을 이용하여 문서 내용을 보다 시각적으로 표현할 수 있는 기능으로 여기에서는 여러 가지 도형을 삽입하고, 다양하게 편집하는 방법에 대해 살펴봅니다.

---

1 그리기 개체 삽입하기

1. 주어진 문서 내용을 입력하여 'C:₩한글 2016-소스'에 '포럼.hwp'로 저장한 후 [편집] 탭에서 도형( ) 아이콘을 클릭하고, 타원(○)을 선택합니다.

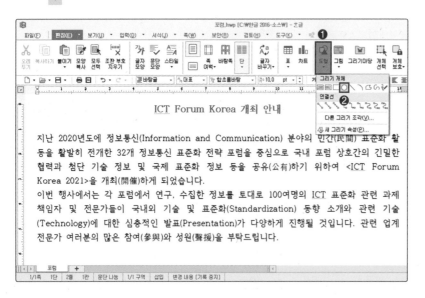

2. 마우스 포인터가 '+' 모양으로 변경되면 해당 부분에서 **Shift** 키를 이용하여 정원을 삽입한 후 [도형] 탭의 채우기( ) 아이콘을 클릭하고, '주황(RGB: 255,102,0) 80% 밝게'를 선택합니다.

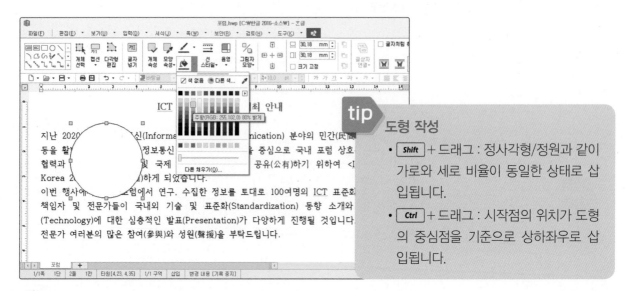

> **tip** 도형 작성
> • **Shift** + 드래그 : 정사각형/정원과 같이 가로와 세로 비율이 동일한 상태로 삽입됩니다.
> • **Ctrl** + 드래그 : 시작점의 위치가 도형의 중심점을 기준으로 상하좌우로 삽입됩니다.

3. 이번에는 해당 위치에 정사각형을 삽입한 후 [도형] 탭에서 채우기( ) 아이콘을 클릭하고, '보라(RGB: 128,0,128) 80% 밝게'를 선택합니다.

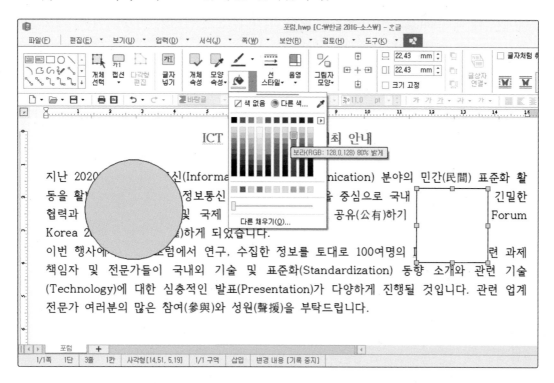

4. Ctrl 키를 누른 상태에서 정사각형을 왼쪽으로 드래그하여 복사한 후 크기를 줄이고, 채우기 색을 '노랑(RGB: 255,255,0) 60% 밝게'로 변경합니다.

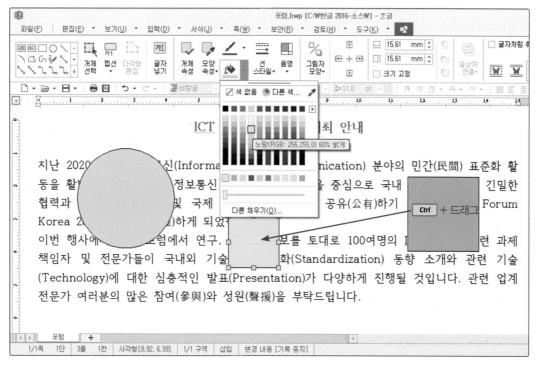

tip

도형 복사

Ctrl +드래그는 도형을 원하는 위치로 복사하고, Ctrl + Shift +드래그는 도형을 수평/수직으로 복사합니다.

1. [편집] 탭에서 개체 선택( ) 아이콘을 클릭한 후 마우스 포인터가 변경되면 세 개의 도형이 포함되도록 마우스를 드래그하여 선택합니다.

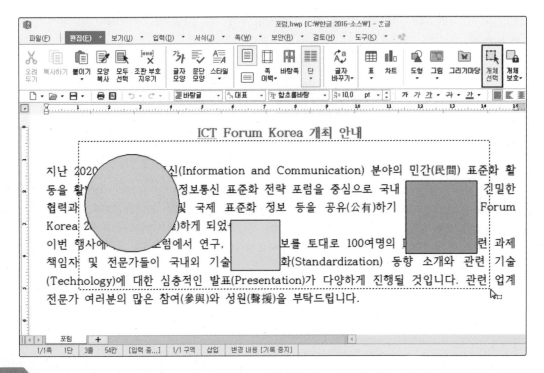

2. 세 개의 도형이 선택된 상태에서 [도형] 탭의 선 스타일( ) 아이콘을 클릭하고, [선 종류]–[선 없음]을 선택합니다.

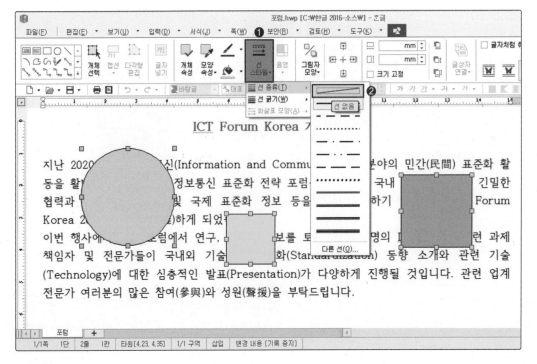

3. 계속해서 그림자 모양(그림자 모양) 아이콘을 클릭하고, '오른쪽 뒤'를 선택합니다.

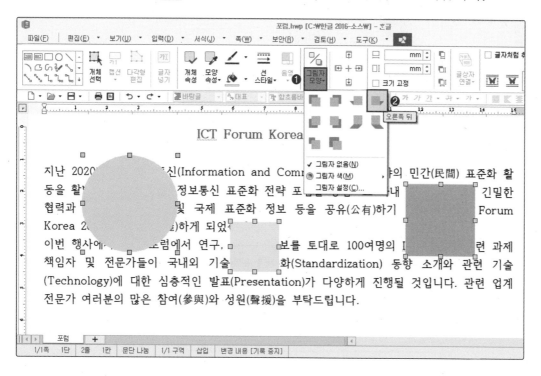

4. 마지막으로 [도형] 탭에서 글 뒤로(▼) 아이콘을 클릭하여 도형들을 본문 내용 뒤로 배치합니다.

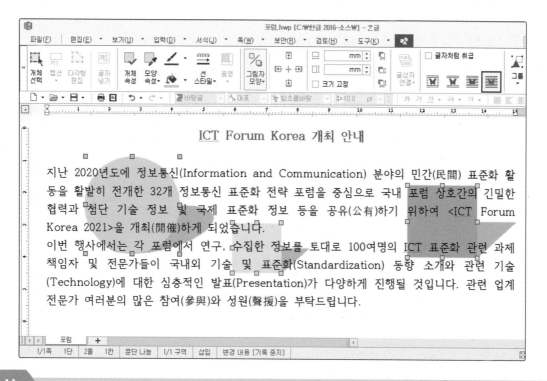

> **tip**
>
> **도형 회전**
>
> [도형] 탭에서 회전(회전) 아이콘을 클릭하고, [개체 회전]을 선택하면 회전 조절점을 이용하여 도형을 자유롭게 회전시킬 수 있습니다.

① 그리기 개체 중 직사각형을 3개 삽입하여 내용을 작성하고, '헬스.hwp'로 저장해 보세요.

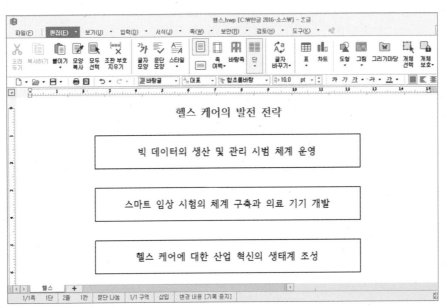

 HINT
- 적당한 크기의 직사각형을 삽입한 후 Ctrl + Shift + 드래그하여 아래쪽으로 복사합니다.
- [도형] 탭에서 [글자 넣기] 아이콘을 클릭하고, 커서가 나타나면 주어진 내용을 각각 입력합니다.

② 직사각형에 임의의 채우기 색과 그림자 모양을 지정해 보세요.

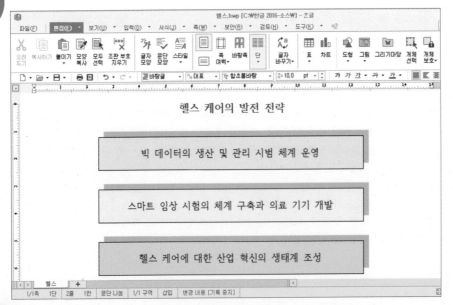

HINT
[도형] 탭에서 [채우기] 아이콘을 클릭하여 임의의 색을 지정하고, [그림자 모양] 아이콘을 클릭하여 [오른쪽 위]를 선택합니다.

③ 다음의 내용을 입력한 후 임의의 색상의 도형들을 글 뒤로 삽입하고, '공예.hwp'로 저장해 보세요.

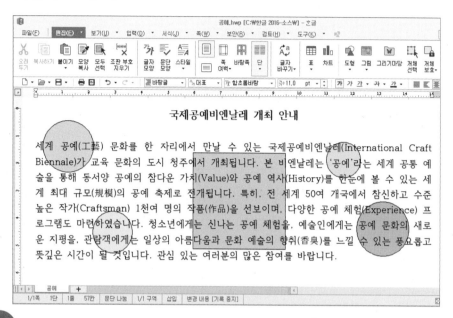

HINT

도형을 삽입하여 임의의 색과 크기를 각각 지정한 후 [도형] 탭에서 [글 뒤로] 아이콘을 클릭하여 본문 뒤로 배치합니다.

④ 모든 도형의 선을 제거한 후 정사각형은 그림자와 함께 주어진 대로 회전시켜 보세요.

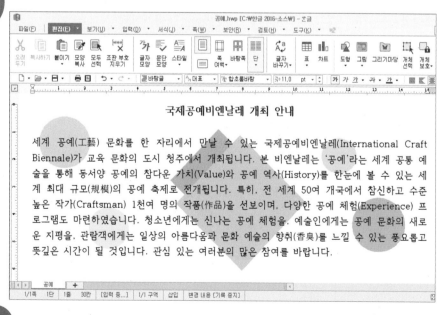

HINT

• 모든 도형을 선택한 후 [도형] 탭에서 [선 스타일] 아이콘을 클릭하고, [선 종류]-[선 없음]을 선택합니다.
• 정사각형에는 '작게'의 그림자 모양을 지정한 후 [회전]-[개체 회전]을 선택하여 주어진 대로 회전시킵니다.

SECTION 20 그림 삽입과 편집하기

문서 내용에 클립아트나 그리기 조각을 삽입하면 보다 시각적인 문서를 만들 수 있습니다. 여기에서는 원하는 클립아트와 그리기 조각을 삽입하고, 다양하게 편집하는 방법에 대해 살 펴봅니다.

1 클립아트 삽입과 편집하기

1. 주어진 문서 내용을 입력하여 'C:₩한글 2016-소스'에 '문제.hwp'로 저장한 후 클립아트를 삽 입하기 위해 [입력] 탭의 펼침(▼) 단추를 클릭하고, [그림]-[그리기마당]을 선택합니다.

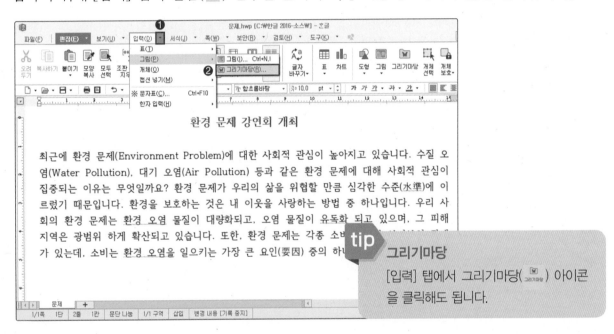

> **tip**
> **그리기마당**
> [입력] 탭에서 그리기마당( ) 아이콘을 클릭해도 됩니다.

2. [그리기마당] 대화 상자의 [공유 클립아트] 탭에서 편지지에 있 는 '사계21'을 선택하고, [넣기] 단추를 클릭합니다.

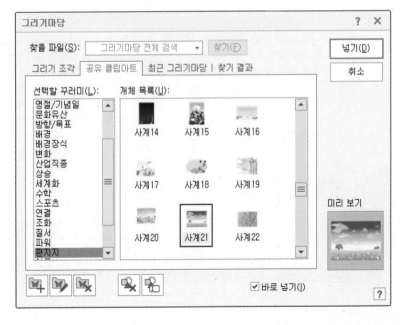

3. 마우스 포인터가 '+' 모양으로 변경되면 해당 위치에 클립아트를 삽입한 후 [그림] 탭에서 여백(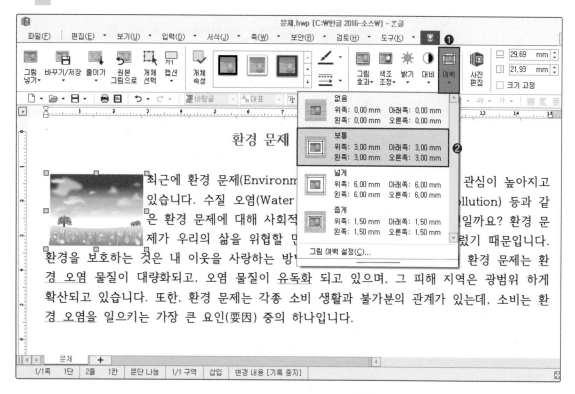 여백) 아이콘을 클릭하고, [보통]을 선택합니다.

4. 클립아트가 선택된 상태에서 [그림] 탭의 그림 효과(그림효과) 아이콘을 클릭하고, [반사]-[1/3 크기, 근접]을 선택합니다.

tip **색조 조정**

[그림] 탭에서 색조 조정(색조조정) 아이콘을 클릭하면 회색조, 흑백, 워터마크 효과를 적용합니다.

5. 계속해서 그림 효과( ) 아이콘을 클릭하고, [옅은 테두리]–[3 pt]를 선택합니다.

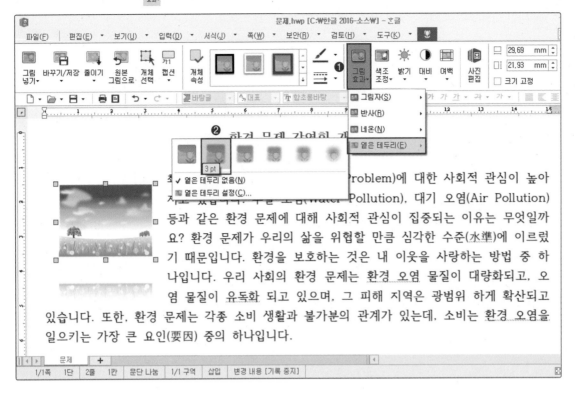

6. 마지막으로 밝기( ) 아이콘을 클릭하고, 밝게의 '+5%'를 선택합니다.

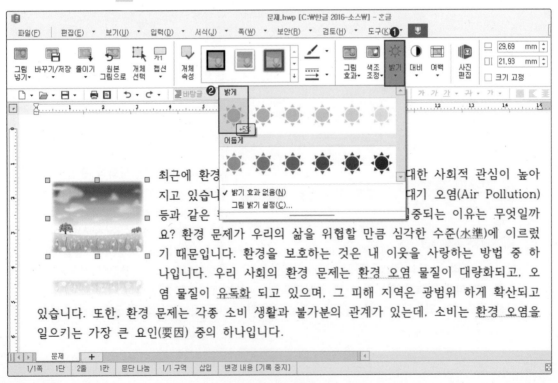

> **tip** **대비**
>
> [그림] 탭에서 대비( ) 아이콘을 클릭하면 대비 효과(높게, 낮게)를 조절합니다.

2 그리기 조각 삽입과 편집하기

1. 그리기 조각을 삽입하기 위하여 [입력] 탭의 펼침(▼) 단추를 클릭하고, [그림]–[그리기마당]을 선택합니다.

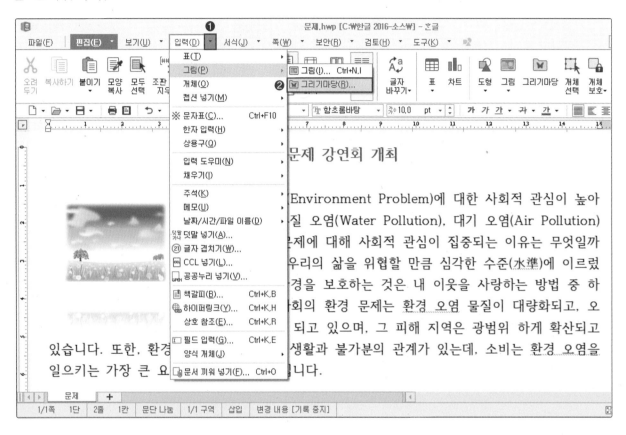

2. [그리기마당] 대화 상자의 [그리기 조각] 탭에서 식물(일반)에 있는 '나무1'을 선택하고, [넣기] 단추를 클릭합니다.

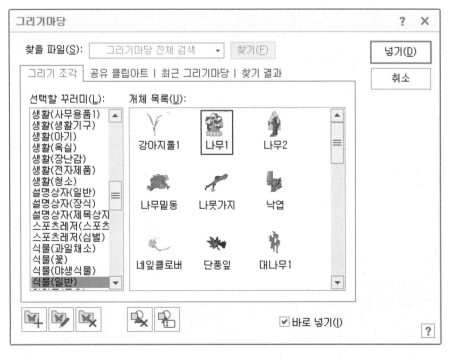

3. 마우스 포인터가 '+' 모양으로 변경되면 해당 위치에 그리기 조각을 삽입한 후 [도형] 탭에서 그림자 모양(그림자 모양▾) 아이콘을 클릭하고, '오른쪽 아래'를 선택합니다.

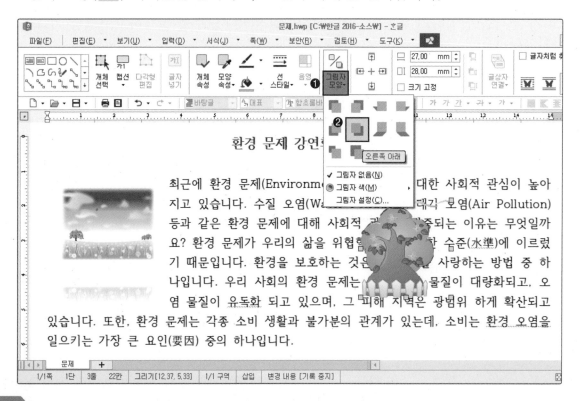

tip 그림자 설정 : [개체 속성] 대화 상자의 [그림자] 탭에서 그림자의 종류, 색, 가로/세로 방향 이동, 투명도 등을 추가로 설정할 수 있습니다.

4. 다시 한 번 그림자 모양(그림자 모양▾) 아이콘을 클릭하고, [그림자 색]에서 '노랑(RGB: 255,255,0) 60% 밝게'를 선택합니다.

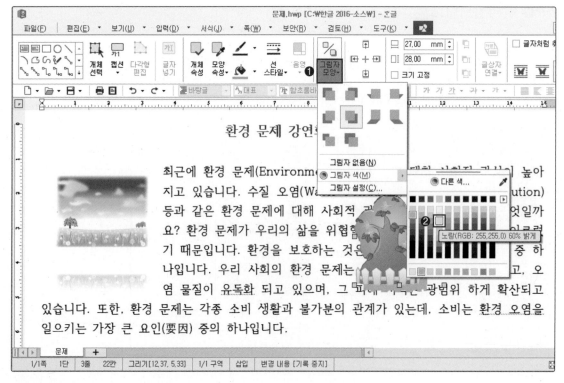

5. 그리기 조각을 대칭시키기 위하여 [도형] 탭에서 회전(⟳) 아이콘을 클릭하고, [좌우 대칭]을 선택합니다.

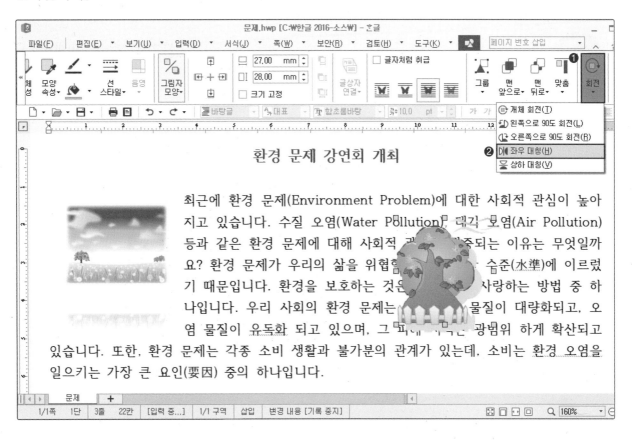

6. 마지막으로 [도형] 탭에서 글 뒤로(▤) 아이콘을 클릭하여 그리기 조각을 본문 내용 뒤로 배치합니다.

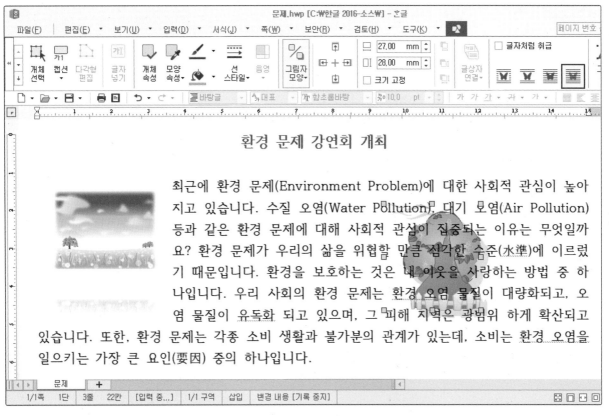

혼자 풀어보기

① 다음의 내용을 입력한 후 주어진 클립아트(동참11)를 삽입하고, '영화제.hwp'로 저장해 보세요.

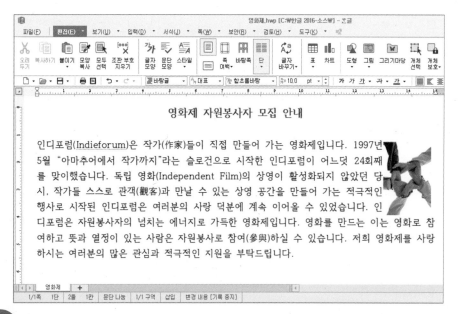

HINT

[그리기마당] 대화 상자의 [공유 클립아트] 탭에서 협력의 '동참11'을 선택합니다.

② 클립아트에 '보통' 여백을 지정한 후 그림자(안쪽의 대각선 왼쪽 아래)와 옅은 테두리(5 pt) 효과를 지정해 보세요.

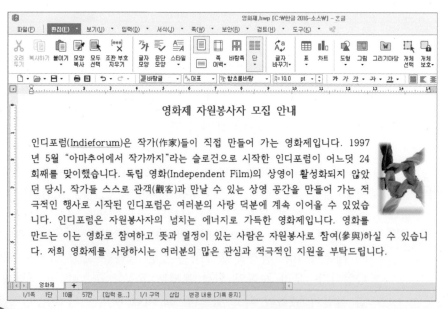

HINT

[그림] 탭에서 [그림 효과] 아이콘을 클릭하고, 주어진 '그림자'와 '옅은 테두리'를 각각 지정합니다.

③ 다음의 내용을 입력한 후 주어진 그리기 조각(전통문양11)을 글 뒤로 삽입하고, '학술.hwp'로 저장해 보세요.

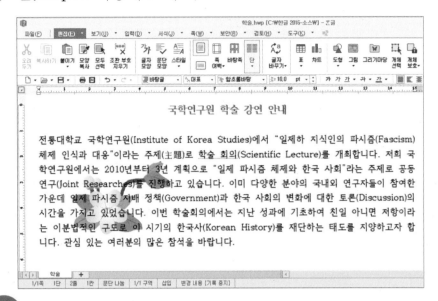

HINT

[그리기마당] 대화 상자의 [그리기 조각] 탭에서 전통(문양)의 '전통문양11'을 선택한 후 [도형] 탭에서 [글 뒤로] 아이콘을 클릭합니다.

④ 그리기 조각에 그림자 모양(왼쪽 뒤)과 임의의 그림자 색을 지정한 후 좌우 대칭시켜 보세요.

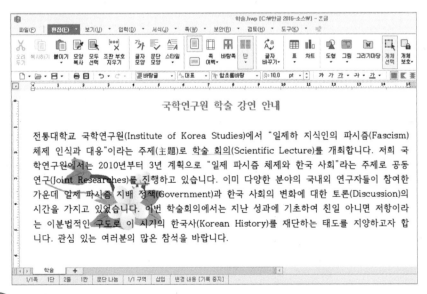

HINT

• [도형] 탭에서 [그림자 모양] 아이콘을 클릭하고, [그림자 색]에서 임의의 색을 선택합니다.
• [도형] 탭에서 [회전] 아이콘을 클릭하고, [좌우 대칭]을 선택합니다.

Start Up 시리즈 ●●●●●●●●● (대상 : 일반)

Start Up 시리즈는 유튜브, 인스타그램, 블로그, 페이스북, 트위터 등 다양한 플랫폼을 통해 누구나 콘텐츠를 제작하여 유통할 수 있는 시대에 맞춰 고객의 니즈를 파악하여 제작한 교재입니다. 더불어 많은 수익창출로 새로운 1인 창업의 기회가 되고, 1인 크리에이터로 제대로 된 기획, 제작, 마케팅, 수익 창출을 위한 내용을 수록하였습니다.

**스마트폰으로
유튜브 크리에이터 되기**

남시언 | 19,500원 | 288쪽

**인스타그램으로
SNS 크리에이터 되기**

남시언 | 15,000원 | 228쪽

**아보느의
홈페이지형 블로그 만들기**

윤호찬 | 15,000원 | 260쪽

**집에서 10억 버는 카페24 쇼
핑몰 제작하기(유튜브 동영상
강좌 제공)**

박길현 | 23,000원 | 432쪽

**현직 줌(ZOOM) 강사가 알려
주는 하루 만에 ZOOM으로
프로 강사되기**

김가현 | 9,000원 | 80쪽

**돈버는 SNS 콘텐츠 만들기
with 미리캔버스**

박정 | 16,000원 | 226쪽

**2시간만에
유튜브 크리에이터 되기**

허지영 | 9,000원 | 93쪽

**블로그 글쓰기
나만의 콘텐츠로 성공하기**

남시언 | 15,000원 | 282쪽

**엄마와 아이가 함께 하는
스마트폰으로 이모티콘 작가되기**

임희빈 | 16,000원 | 208쪽

원리쏙쏙 IT 실전 워크북 시리즈

(대상 : 초 · 중급)

포토샵CC 2023
유윤자 지음 | A4
304쪽 | 17,000원

포토샵CC 2022
유윤자 지음 | A4
304쪽 | 15,000원

포토샵CC 2021
유윤자 지음 | A4
304쪽 | 15,000원

포토샵 CC
유윤자 지음 | A4
292쪽 | 15,000원

포토샵 CS6 한글판
유윤자, 우석진 지음 | A4
252쪽 | 13,000원

일러스트레이터 CC
유윤자 지음 | A4
320쪽 | 16,000원

일러스트레이터 CS6
김성실 지음 | A4
240쪽 | 13,000원

**전문가의 스킬을 따라
배우는 포토샵&
일러스트레이터CC
기초+활용 실습**
유윤자 지음 | A4
488쪽 | 21,000원

**일러스트레이터CC
기초부터 실무활용까지**
유윤자 지음 | A4
352쪽 | 19,000원

한글 2020
김수진 지음 | A4
216쪽 | 12,000원

한글 2016(NEO)
비전IT 지음 | A4
216쪽 | 12,000원

한글 2014
김미영 지음 | A4
216쪽 | 12,000원

엑셀 2016
김지은 지음 | A4
212쪽 | 12,000원

엑셀 2013
김수진 지음 | A4
216쪽 | 12,000원

파워포인트 2016
김도린 지음 | A4
208쪽 | 12,000원

파워포인트 2013
비전IT 지음 | A4
256쪽 | 12,000원

유튜브&영상편집 첫발 내딛기
박승현 지음 | A4
178쪽 | 12,000원

Start! 첫걸음
한글 2016(NEO) 단계별로 정복하기

2021년 1월 30일 초판 발행
2023년 7월 20일 3판 인쇄
2023년 7월 30일 3판 발행

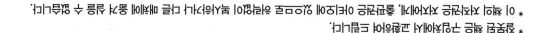

펴낸이	김정철
펴낸곳	아티오
지은이	Vision IT
표지 디자인	박효은
편집 디자인	이효정
전 화	031-983-4092
팩 스	031-696-5780
등 록	2013년 2월 22일
정 가	8,000원
홈페이지	http://www.atio.co.kr
주 소	경기도 고양시 중산로 336 (일산동구, 해산동)